成语讲历史

罗米 ——

著

人民文学出版社 天天出版社

图书在版编目（ＣＩＰ）数据

成语讲历史 / 罗米著. –– 北京：天天出版社,2021.9
ISBN 978-7-5016-1738-8

Ⅰ.①成… Ⅱ.①罗… Ⅲ.①汉语－成语－故事－儿童读物 Ⅳ.
①H136.31-49

中国版本图书馆CIP数据核字(2021)第160434号

责任编辑：刘 馨　　　　　　　　　　美术编辑：丁 妮
责任印制：康远超　张 璞

出版发行：天天出版社有限责任公司
地址：北京市东城区东中街 42 号　　　　邮编：100027
市场部：010-64169902　　　　　　　传真：010-64169902
网址：http://www.tiantianpublishing.com
邮箱：tiantiancbs@163.com

印刷：北京博海升彩色印刷有限公司　　　经销：全国新华书店等
开本：880×1230　1/32　　　　　　　印张：7.25
版次：2021 年 9 月北京第 1 版　　印次：2021 年 9 月第 1 次印刷
字数：106 千字　　　　　　　　　　印数：1-8,000 册

ISBN　978-7-5016-1738-8　　　　　　定价：40.00 元

目录

过门不入

【成语释义】

指经过家门口也不回家，形容忠于职守、公而忘私，后也泛指经过门前而不入内。出自战国孟轲《孟子·离娄下》。

【成语典故】

传说尧帝治理天下的时候，黄河洪水泛滥，人民深受其苦却又无计可施，于是尧便广召天下能够治理水患的人。

一开始，大家推荐了一个名叫鲧（gǔn）的人。鲧在民众中很有威望，他不仅发明过许多农具，帮助大家提高了粮食的收成，还曾经带领自己部落的人民建造城郭、修筑堤坝、治理洪水，所以大家觉得他很有经验。

但这一次的洪水实在太大，以往的办法都不管用，鲧于是冒死偷走了天帝的"息壤"。息壤是一种神奇的土壤，它可以不断地长大，哪里有水患，鲧就把息壤投到哪里，让它长成大山去阻挡洪水。即便这样，洪水还是四处流溢，淹没的地方越来越多。鲧的行为触怒了天帝，被杀死在羽山脚下。

鲧死了三年以后，尸体还没有腐烂。人们感到奇怪，便把他的肚子剖开，里面跳出一条龙，这就是他的儿子禹。

禹成年后接过了父亲未完成的任务，刚刚结婚四天就出发继续治理水患。不过他和父亲鲧完全不同，面对汹涌而来的洪水，禹并不像父亲那样采用修堤坝阻挡的方法，而是挖开沟渠疏导，将洪水引入江河，最终流入海里。

为了治水，禹跋山涉水，走遍天下，三次经过家门都没有进去看一眼。他花费了十多年时间，终于疏通了黄河大大小小的河道，不仅解决了所有的水患，还修建了许多水利工程，曾经的灾区变成了沃野。

后来，禹把天下分为九个州，并铸造了九个大鼎，把九州的地形地貌和风土人情都刻画在鼎上，从此天下安定、百姓乐业。

人们感念他的功绩，尊称他为大禹。

【 文化内涵 】

禹是舜帝时期的一个部落首领，由于他治水有功，所以在舜去世后，禹被各部落推举，继承了舜帝的首领之位。

禹死后，他的儿子启继承了王位，建立了中国历史上第一个王朝——夏，成为中国历史上一个重要的里程碑。

夏之前的部落时代，首领靠推选、禅让产生，他们与上一任首领并没有血缘关系。从启开始，王位交替变为了世袭制，也就是说，王位只能由子孙等具有血缘关系的人来继承。

【代表文物】

这是用重达 6 吨的一整块和田玉雕刻而成的玉山，雕琢完成后高 2.24 米。这座玉山从开采、运输到设计、加工、安放，堪称超级工程，前后花费了十多年的时间才完成。乾隆皇帝还亲自为玉山题写了诗文。他想借如此恢宏磅礴的作品展现自己的治国功绩，并与大禹治水比肩。

大禹治水玉山及局部
清
故宫博物院

传说，禹铸的九鼎在东周时就沉到泗水的水底了。秦始皇时期，有人在泗水见到了鼎，秦始皇自认为这是吉兆，于是派数千人去打捞。大鼎正要被打捞上岸时，鼎内伸出一个龙头一下咬断了绳索，鼎

泗水捞鼎画像石拓片
东汉
山东省博物馆

便又沉到水底。秦始皇再派人下水寻找，可是无论如何也找不到了。

东汉的画像砖、画像石上很喜欢表现泗水捞鼎的故事。这幅拓片最上面一层是西王母的形象，她居中端坐，旁边是九尾狐、青鸟、羽人等神异形象，下面一层表现的就是泗水捞鼎，刻画了一个龙头刚好咬断了右侧绳索的情景。

不食周粟

【成语释义】

本指伯夷、叔齐于商代灭亡后不吃周朝的粟而饿死，比喻忠诚坚定，不因生计艰难而为敌方工作。出自西汉司马迁《史记·伯夷列传》。

【成语典故】

伯夷、叔齐是商代北方属国孤竹国（位于今河北东部）国君的两个儿子，伯夷是哥哥，叔齐是弟弟。

孤竹君临死前留下遗命，要传位给小儿子叔齐，结果在孤竹君死后，叔齐不肯继位。叔齐说自己是弟弟，不应该继承爵位，而应该由哥哥继位；伯夷却说弟弟继位是父亲的遗命，他不能做违背父亲遗命的不孝之子，所以他也极力推辞。为了让弟弟安心做国君，伯夷偷偷离家出走。哥哥走后，叔齐也离开了王宫，四处寻找哥哥。

兄弟俩在路上重逢后，听说周国有明君周文王，于是便一同去投奔周文王。可是还没到达周国，就听说周文王已经离世。他们恰好遇到周武王纠集军队讨伐商纣，两个人便拉住周武王的马阻止武王前进。他们认为臣子不能用暴力杀掉君主，纵然商纣王残忍无道，也应该通过劝谏的方式，而不能采用武力的方式。

不过，周武王并没有听从他们的劝阻。后来武王伐纣一举成功，建立了周朝。伯夷和叔齐对这种以暴制暴的做法深感不齿，不愿做周朝的臣子，为了表明决心，他们决定不再吃周朝的粮食。但此时各地都纷纷归附周朝，他们很难找到不属于周朝的地方容身了，也不可能不吃周朝的食物。思来想去，便决定去首阳山上采野菜勉强度日，不久之后便饿死在首阳山了。

虽然伯夷、叔齐不愿与周朝合作，但周武王仍然非常钦佩二人的气节，于是将二人厚葬。

伯夷、叔齐后来得到了孔子等儒家学者和帝王的推崇，成为代表操守、气节的典型人物。

【文化内涵】

清初大儒顾炎武在他的《复庵记》中，将伯夷、叔齐与另一位古代著名的有节操之士介子推并提。

介子推是春秋时期的人。当时，晋国的公子重耳为了躲避国内的迫害，常年逃亡在国外，常常忍饥挨饿。有一年重耳逃到卫国，已经饿得快要死了，他的随从介子推便跑到山沟里割下自己腿上的肉，将它与摘来的野菜一起煮熟了给重耳吃。后来，重耳得知这是介子推腿上的肉，感动得痛哭流涕，并且发誓如果将来复国做了君王，一定要重重报答介子推。

在流亡十九年之后，重耳终于得以回国成了晋国的国君，就是著名的晋文公。介子推说自己当时割肉给重耳吃并不是为了得到赏赐，所以坚持不接受封赏，还很鄙夷那些贪图富贵前来邀功的人，自己带着老母亲隐居到了绵山里。

晋文公却觉得自己必须重赏介子推，便派人召回介子推。可是介子推隐居的绵山重峦叠嶂找人可不容易。晋文公想了很多办法，派了很多人，却还是找不到他。有人向晋文公进言，说如果放火烧山，介子推是个孝子，他一定会带着老母亲出来的。

晋文公依言行事，下令三面烧山，想逼出介子推。可是谁也没想到，大火烧了三天三夜，直到烧光了树木，都没有见到介子推出来。最后，人们在一棵烧焦的树下发现了介子推母子的遗体。晋文公异常悲痛，哭拜介子推，又把介子推抱着的那段焦木带回宫做了一双木屐，并且时常对着它感叹："足下，真可怜啊！"后来人们就用"足下"作为下级对上级或同辈之间的尊称。

晋文公深深思念着介子推，下令每年在介子推逝世的这一天，家家都不许生火，只能吃生冷的食物，这一天就演变成了寒食节。

寒食节在清明节的前一天，是古人一个重要的节日。唐代诗人韩翃（hóng）就作过一首著名的《寒食》："春城无处不飞花，寒食东风御柳斜。日暮汉宫传蜡烛，轻烟散入五侯家。"

【代表文物】

北宋画家李唐以卖画为生，后来进入宋徽宗的画院。靖康之变后，李唐冒死出逃，辗转躲藏于太行山一带，后来一路来到杭州，被召入了南宋高宗的画院。这时的李唐已年近八十，在新的历史环境下，他创作了大量人物故事画，包括《采薇图》《胡笳十八拍》《晋文公复国图》等，都是表现逆境当中不失气节、坚贞守正的故事。

"薇"是指一种野豌豆，但画家并没有在画面上表现野豌豆或者野菜。我们可以看到的植物都是高大

李唐《采薇图》
南宋
故宫博物院

乔木，尤其以松柏为主，树底下石缝间长的草，也都
是兰草一类的植物。在古代，这些植物都是品行高洁、
忠贞不屈的象征。李唐是想借此塑造伯夷、叔齐的
高洁形象，并以此激励南宋的士大夫坚守节操，矢志
不渝。

李唐《晋文公复国图》（局部）
南宋
美国纽约大都会艺术博物馆

千金一笑

指不惜重价，博取美人欢心。出自西汉司马迁《史记·周本纪》。

西周末期的天子周幽王宠信奸臣、耽于享乐，根本不理国政。当时有个小诸侯国叫褒国，褒国的国君就来规劝，结果惹怒了周幽王，把他关进了牢里。褒国的公子为了营救父亲，花重金买下一个容貌出众的少女，并给她起名"褒姒"，送给周幽王，周幽王大喜之下便释放了褒国国君。

由于褒姒美貌非凡，周幽王非常宠爱她。但褒姒却有个怪脾气——从来不笑。周幽王为了博她一笑，发出了悬赏的布告，约定谁要是能让褒姒展露笑颜，便赏他千金。告示一出，大家纷纷使出浑身解数，但无论是讲笑话还是做滑稽样子，褒姒始终无动于衷。

有个叫虢石父的臣子看准这个机会，出了一个主意。他说只要在烽火台上点起火来，把全国的诸侯都召来戏弄他们，褒姒一定会笑的。烽火台是古代传递战争信息的建筑，当发现敌情，只要有一个烽火台点燃烽火，附近的烽火台就会接连点火，警报很快就能向远方传递。要是在夜间传递敌情便点燃狼烟，这就是所谓的"烽火狼烟"。

周幽王一听十分高兴，于是依计而行。这一天，趁着天气晴朗，周幽王带着褒姒登上城楼，并下令点燃烽火。

这时，诸侯们看到周天子点燃了烽火，以为天子有危险，于是都整顿兵马飞速来救。可是当他们气喘吁吁赶到城下时，却只见周幽王和褒姒安然无恙地坐在城楼上喝酒看热闹。看到这种情形，褒姒觉得诸侯们上当受骗的样子滑稽无比，终于笑了。周幽王也因此心花怒放，重赏了虢石父。可是，遭到戏弄的诸侯们却极其愤怒，再也不相信周幽王燃起的烽火了。

不久之后，北方的戎人部落真的发兵前来攻打周的都城镐京，周幽王赶紧让人点起烽火向诸侯求救。但诸侯们吸取了上次的教训，认为这次一定还是周幽王和褒姒在戏弄他们，所以按兵不动，根本不加理会。

周幽王只能眼睁睁地看着镐京被攻破，仓皇出逃，但没逃多远也被杀了，西周自此灭亡。

【文化内涵】

周幽王因为有烽火戏诸侯的"劣迹"，所以历史上一直被视为无道昏君的代表。但据现代史学家们研究考证，《史记》中的这个记载并没有充分的事实依据。根据战国竹简上的记载，事情的起因是周幽王进攻当时的申国，申国联合戎人攻打周幽王，最后镐京被破，西周灭亡。

我们民间有一个著名的《狼来了》的故事，和烽火戏诸侯的教育意义近似。

从前有个放羊的孩子，他每天都要去山上放羊，因此觉得十分无聊。他便想戏弄一下大家找点乐子。有一天，他对着山下大叫："狼来了！狼来了！救命啊！"人们听到叫喊声，连忙跑到山上来救他。看到人们受骗，放羊的孩子乐得拍手大笑。

过了几天，放羊的孩子故伎重演，善良的人们又一次上当。

又过了几天，狼真的来了。这次放羊的孩子吓得又哭又叫，声音比前两次还要大，但大家却不再相信他，没有上山去救他。这一次，狼咬死了所有的羊，他自己也好不容易才逃生。

【代表文物】

出于后妃们的言行很容易对皇帝产生影响，所以历史上常有专门规劝、告诫后妃言行的"教科书"，比如西晋张华就留下了著名的《女史箴（zhēn）》。女史是宫廷中侍奉后妃、记载后妃言行和制定后宫制度的女官；箴是古代一种专门表达劝告之意的文体。《女史箴》用历代贤明后妃的故事来为后宫女子做榜样，并提醒她们不要恃宠而骄，必须谨言慎行、修身养性。

这幅画是顾恺之根据张华的文字作品绘制的，画面用色淡雅，只稍用重色点染了女史们的头发、裙边，起到了画龙点睛的效果。画中的线条连绵不绝、圆润饱满，这种用线方式被称为"春蚕吐丝描"。

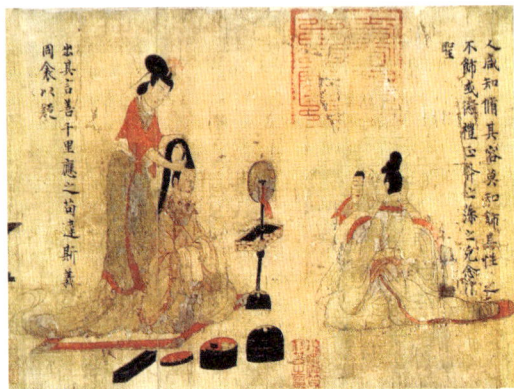

顾恺之《女史箴图》
（局部，唐代摹本）
东晋
大英博物馆

韦编三绝

【 成语释义 】

韦编指古人在竹简上写书，再用熟牛皮把写书的竹简编联起来。韦编三绝形容读书勤奋，治学刻苦。出自西汉司马迁《史记·孔子世家》。

【 成语典故 】

孔子是春秋时期的大思想家、教育家。春秋时期，诸侯争霸，不断发动战争，西周建立的礼乐制度和社会秩序已经岌岌可危。面对这种礼崩乐坏的社会局面，孔子带着自己的弟子周游列国，不断向各国君主推行他的仁政主张，并期望君主施行王道而不是霸道。孔子周游列国十四年，受尽磨难，他的主张并不受急功近利的各国国君们的重视。

孔子一生致力于教育，他收徒讲学，有教无类，打破了当时官府、贵族垄断教育的局面。据说他有弟子三千，其中最有才能、最贤德的有七十二位，这些弟子也各有成就，对历史产生了重要的影响。后来，孔子的弟子和再传弟子们把孔子的言行与思想记录下来并进行整理，就形成了儒家最重要的经典著作《论语》。

到了晚年，孔子致力于删节、修订古代著作，如《诗》《书》《礼》《乐》《易》《春秋》，它们后来被合称为"六经"。他在研究《易经》上花费的精力尤其多，并进行了许多注解。由于翻阅的次数太多，穿竹简的牛皮绳子被磨断了多次，这便是"韦编三绝"的来历。

【 文 化 内 涵 】

竹简是中国历史上使用时间最长的书写材料，为保存古代文化立下了汗马功劳。我们现在针对图书有一个专门的量词"册"，无论是字形还是最初的意思，都是编在一起的竹简，经典的"典"字则是指双手捧着竹简的样子。

古代想要在竹简上写字，还需要对竹子进行特别的处理。因为竹子含水量很高，为了防止以后变形和虫蛀，所以要先用火烤脱水才能用于书写。烤制过程中竹子会冒出很多水珠，人们称之为"汗青"，后来人们便将"汗青"引申为史书，比如文天祥的诗句就写过："人生自古谁无死，留取丹心照汗青。"经过处理的竹子会由青变黄，这个过程也被称为"杀青"，现在这个词又被引申为一部著作或者影视作品的完工。

竹简处理好后人们会在内层写字，因为外层太光

银雀山《孙子兵法》（复制品）
西汉
中国国家博物馆

滑,不容易保留墨迹。写完后再用牛皮绳把散竹片编在一起,就成了一卷卷的书。竹简写的书非常沉重,难以搬运,所以古代说藏书丰富便用"汗牛充栋"来形容,意思是书运输时牛累得出汗,存放时可堆至屋顶。

【代表文物】

由于牛皮绳子不如竹简耐久,所以出土时它们都已朽断,只留下散乱的竹简残片,这就给人们辨识竹简内容留下了巨大的挑战。迄今为止,仍有大量竹简无法被正确排序,上面到底保存着什么样的历史信息,隐藏着多少历史奥秘,只能留待一代又一代的学者去研究和发现了。

《孔子见老子》画像石拓片
东汉
济宁市博物馆

一鼓作气

【 成语释义 】

比喻趁劲头大的时候鼓起干劲，一口气把工作做完。出自《左传·庄公十年》。

【 成语典故 】

春秋鲁庄公十年，当时强大的齐国准备发兵攻打鲁国。在此之前，齐鲁之间有过几次交战，齐国都获得了胜利。这一次，齐桓公率领大军压境，志在必得。鲁庄公得到消息极为惶恐，大臣们也不知所措。

这时，鲁国贵族曹刿（guì）要求面见鲁庄公。他的同乡对曹刿说："朝廷的那些大官会想办法的，你参与这些事干什么呢？"曹刿却说："那些官员目光短浅，根本做不到深谋远虑。"于是，他执意进宫去见鲁庄公。

曹刿面见庄公的时候也毫不客气，他问："眼下情势紧迫，您靠什么与齐国一战呢？"庄公说："我从不独占衣食这些生活必需品，一定会拿来分给别人，总会有百姓和我同心同德吧。"曹刿说："这样的小恩小惠并不能让所有的老百姓都受惠，他们是不可能和您一条心的。"庄公又说："每次祭祀使用的牛羊、玉帛等祭品我从不敢夸大数量，对待神明也是诚心的。"曹刿说："这点小小的诚意哪里能取得神明的信任啊，神明是不会保佑您的。"庄公又说："国家大大小小的案件，我虽然做不到每一件都了解得明明白白，但我都尽可能处理得合情合理。"曹刿说："这才是您所尽的本职，就凭这一点，您可以去打这一仗了。等到作战的时候，请您允许我跟在您身边。"

战事爆发，曹刿和鲁庄公同乘一辆战车。刚一上战场，鲁庄公就想要击鼓传令军队进攻，曹刿制止了他说："现在还不到时候。"等齐军擂了三通鼓之后，曹刿这才让鲁庄公击鼓进军。

双方交手后齐军大败而走，鲁庄公准备下令全力追击，曹刿又制止他说："现在还不行。"说完，曹刿下战车察看齐军的战车留下的车印，又上车眺望了齐军撤退的队形。经过一番仔细观察和思考，他这才对鲁庄公说："现在可以追击了。"鲁庄公依言下令军队全面追击齐军，大获全胜。

凯旋的鲁庄公此时还不明白为什么曹刿在战场上不论是进攻还是追击，都先是制止他，后来又鼓励他；也不明白为什么自己这力量弱小的鲁国，却能战胜力量强大的齐国。曹刿向鲁庄公解释："打仗最重要的是士气。第一次擂响进军鼓能振作士兵们的勇气；第二次再擂鼓，士气就会减弱；等到第三次再擂，士气也就消耗得差不多了。这时候，敌方的士气枯竭，我方的士气却正旺盛，所以我们能克敌致胜。撤退的时候也要认真分析情况。齐国是兵强马壮的大国，他们的实际情况难以估测，所以我担心他们有埋伏。在我察看过他们的车印、观察过他们的队形之后，我发现他们的车印混乱，军旗也倒下了，确定不是诈败，所以才下令追击。"

【文化内涵】

古代战场上没有现代化的通信设备，所以进攻、布阵、收兵等号令，都需要用不同声音来表示，一般情况下是"击鼓进军，鸣金收兵"。

由于鼓声沉重而节奏鲜明，所以当咚咚的鼓声敲响时，很容易让人热血沸腾，很适合用来振奋士气。在战斗的过程中，不同的鼓声有时也起到指挥作用，用来排布不同的阵形。

古代甚至还有军规规定，战鼓敲响而没有前进的士兵会被斩杀，这也是为了强调战场上鼓声作为进攻信号的绝对权威。

鸣金的"金"指的是一种金属乐器，具体名字叫"钲（zhēng）"，形状类似瘦长形的钟，有一个手柄，可以拿在手上敲击。声音是比较清脆悠长的"当——当"一声，能传得比较远，所以适合在长时间交战后，把跑得很远的士兵招回来。

【代表文物】

这个彩陶鼓长约37厘米，两端都可以蒙上兽皮，从构造上看，它的音色应该很不错。根据古书记载，如果鼓面大、鼓身短，鼓声就急促短暂；鼓面小、鼓身长，鼓声就舒缓持久。

永登乐山坪彩陶鼓
新石器时代
中国国家博物馆

这面鼓的一侧有两个小耳，应该是用来穿绳子的，这样人们就可以把它挂在腰间，也就是腰鼓。

鼓的中心有太阳纹，太阳的光芒间夹着水滴纹，还有乳钉、卷云、人面、卷草等纹样，一圈一圈整齐排开，鼓面显得既华美又庄严。

这是春秋战国时期楚国的一

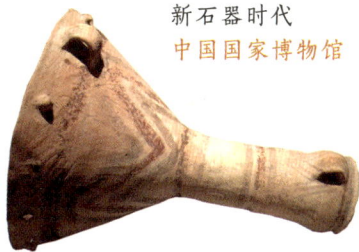

青铜钲
战国
湖北省博物馆

种造型特殊的漆器，两只凤鸟踏在两头老虎背上昂首
高歌，它们脖子上挂着一面漆鼓。漆器造型奇绝，纹
饰也极为精细繁复，虎、凤鸟的身上都被细致地绘出
皮毛和羽毛上的花纹，鼓周围的黑漆地上还有黄漆画
着的缭绕云气，仿佛凤鸟在虎背上腾空而起，穿梭在
云间。

虎座鸟架鼓（复制品）
战国
湖北省博物馆

高山流水

比喻知音难遇或乐曲高妙。出自战国列御寇《列子·汤问》。

【成语典故】

传说春秋时期的晋国大夫伯牙出使楚国后，在返回晋国时途经汉阳，恰逢八月十五朗月当空，于是乘兴抚琴。

不知不觉之间，他旁边早已站着一位听琴者。伯牙弹琴时心中正想着高山，听琴者便脱口赞道："好啊，像泰山一样巍峨啊！"伯牙心中正想着流水，听琴者又赞道："好啊，像江河一样浩瀚啊！"

虽然伯牙精通琴艺，天下闻名，却从来没有人能像这个人一样立刻明白伯牙心中所思所想，这让伯牙无比惊异。伯牙于是停下来询问，原来听琴之人是过路的一名樵夫，名叫钟子期。

心意相通的二人于是结为好友，并约定来年的中秋再在此地相会。

第二年中秋，伯牙赴约去见子期。结果子期久久不来。后来一位老人告诉他，子期已经不幸亡故。

知音不再，琴声又能给谁听呢？伯牙于是摔碎了自己的琴，终生不再弹琴。

【文化内涵】

汉代以来，许多器物和艺术品上都有听琴的图像，比如陶俑、画像石、画像砖和铜镜等，抚琴和听琴者大多是高人逸士的形象。当然，他们并不一定就是伯牙和子期，当时的工匠们只是借用高山流水的意境和典故来表现高士的情操，表达知己相遇的愉悦。

后来，"知音"不仅指朋友之间心意相通，也用来象征君臣之间的知遇之意，所以在许多诗歌当中，"知音"表达的正是这种政治上的含义。比如孟浩然写的"当路谁相假,知音世所稀",岳飞说的"知音少,弦断有谁听",这些诗句更多的是在感叹自己的才华不被赏识,抱负难以施展。

皇帝也希望自己的心事能被理解,所以宋徽宗画过一幅著名的《听琴图》,画中就是他自己抚琴,臣子坐在下面聆听。

【 代 表 文 物 】

在元代画家王振鹏的《伯牙鼓琴图》中,伯牙与子期二人的形象与典故中描述的有些差别,虽然画作点明了人物的身份,但抚琴的

赵佶《听琴图》
宋
故宫博物院

王振鹏《伯牙鼓琴图》
元
故宫博物院

伯牙看上去更像是一派道骨仙风的高士，听琴的子期更像是一个儒雅的文人，哪里像个樵夫呢？

这当然并不是画家画得不对，而是因为这个故事早期的版本中，钟子期的身份并不确定。另外，在中国古代文学和绘画作品当中，人们也喜欢把世外高人表现成樵夫、渔父的形象。

沉鱼落雁

【 成语释义 】

原指使游鱼沉入水里，使飞雁落到沙洲，形容女子容貌极其美丽。出自战国《庄子·齐物论》。

【 成语典故 】

人们常常把沉鱼落雁和闭月羞花两个成语连在一起，用它们分别代指历史上四位著名的美女。

"沉鱼"指的是春秋时期的西施。

传说在春秋时期，越国有一个浣纱的女子名叫西施。每当她在河边浣纱，清澈的河水倒映着她绝世的容颜，让水里的鱼儿都会忘了游水而沉到水底，后来人们就用"沉鱼"代指她。

西施生活在吴越争霸时期，越国在一次和吴国的战争中惨败。越王勾践为了保全性命，更为了寻找机会谋求复国，他不仅本人甘当吴王夫差的奴隶，还为吴王献上了越国的珍宝和美女。西施是越国最著名的美女，又是越国大夫范蠡（lí）的生死之交，于是她决定为国献身，作为献给吴王的"礼物"来到吴国，并很快得到了吴王的宠爱。后来，吴王荒于朝政，导致国力日渐衰落，而越王勾践却忍辱负重，不忘复仇，最终打败了吴国，成为春秋时期的最后一位霸主。

吴国被灭后，为越国做出巨大贡献和牺牲的西施却下落不明，有人说她最后和范蠡一起泛舟五湖，不知所终。

"落雁"是西汉王昭君的美称。

在西汉元帝时期，王昭君被选入宫廷成为了一名宫女。当时的汉宫中，所有的宫女都要先由宫廷画师为她们画像，汉元帝再根据这些画像来挑选妃子。于是，一个叫毛延寿的宫廷画师便向宫女们索取贿赂，谁给他送的钱多，他就把谁画得漂亮一些，谁不送钱，他就把谁画得丑一些。性格刚烈的王昭君不肯贿赂他，于是他就把王昭君画得十分难看，因此她不仅没有被汉元帝选中，就连见到皇帝的机会都没有。

在西汉，北方的少数民族匈奴经常和汉朝发生冲突，汉朝便会送公主与匈奴的首领和亲，以换得和平。这一次，南匈奴的首领呼韩邪单于来到长安朝觐汉元帝，也提出了和亲的请求，并保证自己从此不再侵扰汉朝。汉元帝于是决定从后宫中挑选一个不起眼的宫女，封她为公主，让她嫁往匈奴，被选中的就是王昭君。

等到汉元帝召来王昭君一看，才发现她比后宫中所有的女子都要优雅美丽，但此时决定已经无法更改，汉元帝追悔莫及，于是杀了毛延寿等画师泄愤。

王昭君告别故土一路向北而行，路上朔风扑面、黄沙漫漫，思念故土、前途未卜的她在马上抱着琵琶弹奏了一曲又一曲，曲声凄婉悲凉，昭君神情哀伤，让天上的大雁都忘了扇动翅膀而跌落在地。

来到匈奴的王昭君直到终老也没能再回中原。她用自己的青春和生命，为大汉的边境换来了几十年的和平，也赢得了后世的感念和赞美。

到了西晋，由于要避晋文帝司马昭的名讳，昭君又被人称为"明妃"，所以我们在不少诗歌、绘画等作品中会看到人们称她为"明妃"。

"闭月"是指东汉末年的貂蝉。

东汉末年天下大乱，西北的军阀董卓乘机占据京城并把持了朝政。董卓极为残暴，罪恶滔天，于是全国各路军阀纷纷讨伐董卓。

当时朝廷中有一位重臣名叫王允，他见董卓如此为祸天下却又无计可施，便想请自己的义女貂蝉帮他除掉董卓。貂蝉异常美貌又能歌善舞，有一次她在拜月的时候，一阵轻风吹过一片云彩把月亮遮住，仿佛连月亮在她的美貌面前都黯然失色，只好躲起来一般。

貂蝉在王允的授意之下施行了连环计，使得董卓和他的义子吕布反目成仇，最终借吕布之手除掉了董卓，让天下百姓拍手称快。

貂蝉后来嫁给了吕布，再后来吕布兵败被曹操所杀，谁也不知道貂蝉最后的结局。

"羞花"说的是杨贵妃。

杨贵妃名叫杨玉环，传说她在御花园赏花时，花儿纷纷低下了头，自认为不如她美丽。她不仅美貌过人，还深通音律、精于舞蹈，是唐玄宗极度宠爱的贵妃。由于爱屋及乌，唐玄宗还赐予杨贵妃的兄弟姊妹高官厚禄，甚至任凭他们胡作非为。唐玄宗自己也越来越昏庸，时间一久，大唐的政权便岌岌可危了。

唐玄宗统治后期，割据一方的节度使安禄山叛乱，唐玄宗带着杨贵妃向四川一带逃难。可是一路走到马嵬驿（今天的陕西兴平）时，随驾的禁军军士哗变，一致要求处死奸相杨国忠，并且迁怒于杨贵妃，认为正是她祸乱朝政，才导致了现在的局面。

无奈之下，唐玄宗只好赐杨贵妃自缢。安史之乱平定后，唐玄宗派人去寻找杨贵妃的遗体，但什么也没有找到。于是也就有传闻说她并没有死，甚至有人说她东渡到了日本。

当然，这只是人们的美好愿望罢了。

【文化内涵】

我国历史上曾经出现过许多美女，但这四位是公认的"四大美女"，主要原因在于她们都对历史产生了重大的影响，故事也都精彩曲折，富有传奇色彩。

历代文人不断为她们写诗作赋，并把她们的故事编成小说、戏曲，广受欢迎，直到现在还不断涌现以她们的故事为题材的影视剧。

不过，这四位美女当中，正史中并没有关于西施和貂蝉的记录，所以很可能她们并没有真实存在过。只有王昭君和杨贵妃是真实的历史人物，历史上以她们的故事为题材的文学作品也更多更出名。与王昭君有关的有杜甫所作的《咏怀古迹（其三）》和元杂剧《汉宫秋》；以杨贵妃和唐玄宗爱情为题材的则有白居易的长诗《长恨歌》和传奇剧《长生殿》。

宫素然《明妃出塞图》
宋
大阪市立美术馆

【代表文物】

　　"四大美女"中，与匈奴和亲换来国家和平的王昭君历史形象最为正面，这一幅《明妃出塞图》表现的就是昭君出塞和亲时的场景。

　　整幅画略去了背景只突出人物，画面上所有人都用衣袖掩住口鼻，加上飘动的旗帜和扬起的马尾，让人感觉到漫天黄沙、寒风扑面，为昭君出塞增添了特殊的苍凉和悲壮。

　　昭君戴着皮帽、穿着长靴，这些都是匈奴人的打扮，只有身上的肩帔和飘带还保留着汉人的传统。她身后的宫女怀里抱着琵琶，这也是人们在画王昭君时为她配备的一个重要的标志物。

卧薪尝胆

原指睡柴堆、尝苦胆，比喻刻苦自励、发愤图强。出自西汉司马迁《史记·越王勾践世家》。

【 成语典故 】

春秋末期，地处江南一带的吴国和越国开始崛起。为了争当霸主，两个国家之间连年征战。一开始，吴王阖闾（hé lú）率军攻破强大的楚国都城郢都，却没料到在乘胜伐越的时候大败而归，并且丢了性命。

吴国就此与越国结下巨大的仇恨。吴王夫差即位后兴师伐越，这一次吴国大胜，越国几近覆灭。越王勾践极尽谦卑地向吴国请降，送上了越国的珍宝和美女西施，虽然免却一死，但自己也成了吴王夫差的奴隶。

勾践没有忘记复兴越国，一直忍辱负重寻找机会。后来，吴王夫差放松了警惕，以为勾践已彻底臣服于吴国，再也不是吴国的对手和威胁，便放勾践回到了越国。

回国后的勾践为了提醒自己曾经的失败和屈辱，就时时让自己的身体处于痛苦之中，以免耽于安乐。睡觉时，他不睡在柔软的垫子上，而是睡在硌人的柴堆上，还把苦胆放在旁边，坐卧之间就能看到它。吃饭时，也尝着苦胆的苦味，并且亲自耕种，完全放弃任何享受，用这样的方式激励自己不忘复仇。

勾践还礼贤下士，救济穷人，与老百姓同样辛苦地劳作，聚集民心、壮大越国。而吴王夫差却沉溺于享乐之中，不仅不思进取，还听信谗言、放逐忠良。最后，吴越之间实力掉转，勾践看准时机发动战争，一举消灭了吴国，成为春秋时期最后一个霸主。

【文化内涵】

越王勾践还留下了几个著名的成语，比如鸟尽弓藏、兔死狗烹。

越王勾践打败吴国、建立霸业之后，由于范蠡（lí）和文种功劳最大，勾践便要重重地封赏二人。范蠡坚定地拒绝了封赏，卸任了一切职务，离开越国隐居起来。范蠡记挂着好友文种的安危，给文种写信说勾践心胸狭窄，与他共患难易、共富贵却难，并说：飞鸟没了，好的弓箭就要被藏起来；兔子死了，猎狗也就会被杀了吃掉，力劝文种也快点离开越国，避免杀身之祸。

文种却觉得自己功劳卓著，不相信勾践会杀他，没有离开。结果不久之后，越王勾践便将文种赐死，临死前文种后悔当初没有听范蠡的规劝。

【代表文物】

从春秋时期开始，越国就是铸剑技术最发达的地区，这里出了一位铸剑鼻祖——欧冶子，留下了许多越王剑，这些剑身上铭刻着不同的越王名字。现在，人们便以它们主人的名字命名这些剑，如越王鹿郢（yǐng）剑、越王者旨於睗剑等，其中最为世人熟悉的还是越王勾践剑，剑身上的铭文表明这是越王勾践

越王者旨於睗剑
战国
浙江省博物馆

越王勾践剑
战国
湖北省博物馆

的随身佩剑。这把剑历经千年不腐不朽，被人们称为
"天下第一剑"。

越人擅长水上航行，这件钺（yuè）上的图案是四
个头戴羽冠正持桨划船的人，生动体现了越人的生活
场景。钺是古代的一种兵器，由青铜或铁制成，形状
很像板斧。

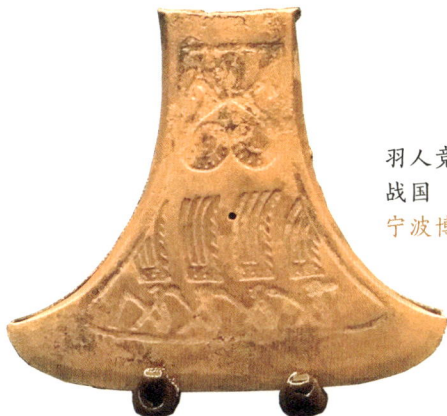

羽人竞渡纹铜钺
战国
宁波博物院

濠梁之上

【 成 语 释 义 】

濠梁指濠水上的桥。濠梁之上指别有会心、自得其乐的境地。出自战国庄周《庄子·秋水》。

【 成 语 典 故 】

庄子和惠子一起在濠水的桥上游玩。庄子说："小鱼们在水里自由自在地游动，这就是鱼儿的快乐啊！"惠子却说："你又不是鱼，你怎么知道鱼的快乐呢？"庄子说："你又不是我，你怎么知道我不知道鱼儿的快乐呢？"

惠子说："我不是你，所以我确实不知道你的感受；但你也确实不是鱼啊，由此可见你也不可能知道鱼的感受。"

庄子说："我们把话从头捋一捋。你刚才说'你怎么知道鱼儿的快乐'这话的时候，其实是已经知道我知道鱼儿的快乐而问的我；而我则是在桥上就知道鱼儿们很快乐了。"

【文化内涵】

庄子和惠子这段著名的辩论有点绕。在《庄子》一书中，他们两位的辩论还有很多。

比如惠子总觉得庄子的学说大而无用，有一次故意问庄子，说："我有个特别大的葫芦，可以装下五石①（dàn）的东西，但是用它装水吧，它却质地太脆无法提举水；把它剖成瓢盛水吧，我又没有那么大的水缸来放它。大是大，但毫无用处，所以我只好把它砸碎了。"庄子则认为惠子胸怀和眼界太小，所以才驾驭不了大东西，这么大的葫芦完全可以当成船在江海上漂流，那是多么的优哉游哉啊！

---

① 石，古代容量或重量单位，一石等于二十升。在战国时期，一石等于十公斤。

又有一次，惠子对庄子说自己有一棵巨大的樗（chū）
树①，但它的树干很粗糙，树枝又弯弯曲曲，木匠根本
看不上它。庄子却说惠子应该把它种在无垠的旷野里，
这样就可以悠闲地在树旁散步，还可以逍遥地躺在树
下，大树也不会遭到砍伐与伤害，正因为没有什么用
处，才不会遭受困厄。

在《庄子》里，每一次都是庄子把惠子说得无言
以对，但实际上他们二人是很好的朋友。惠子死后，
庄子讲过"运斤成风"的故事，感叹自己再也找不到
可以匹敌的辩论对象了。

---

① 樗树：别名臭椿树。

【代表文物】

朱耷（dā），别号"八大山人"，是明末清初画家、书法家，清初画坛的"四僧"之一。他以大笔水墨写意画著称。《鱼鸭图》是八大山人晚年艺术创作成熟阶段的代表作品，画面中没有一丝水波，鱼儿也画得非常细瘦灵动，显出一派自在的趣味。

朱耷《鱼鸭图》
清
上海博物馆

狡兔三窟

狡猾的兔子有三个洞穴，比喻藏身的地方多，便于逃避灾祸。出自《战国策·齐策四》。

战国时期，齐国有个贵族名叫田文，号孟尝君，是个非常礼贤下士的人，只要有一技之长的人都会被他热情相待。因此有很多能人拥护和投奔他，以至于他的门客竟然多达三千，一有需要，他们就会为孟尝君效力。

有一次，一个叫冯谖（xuān）的人前来投奔孟尝君。冯谖衣衫破烂，腰里的剑连剑鞘都没有。孟尝君知道他是个穷人，问他："先生找我有何见教？"冯谖说："我快要活不下去了，想到您这儿找口饭吃。"孟尝君又问："先生有什么本事呢？"冯谖也不掩饰地说："我什么本领也没有。"孟尝君便对他说："你就先住下吧。"

孟尝君手下的人都看不起冯谖，于是给他安排的住处和饮食都很差，冯谖于是天天弹着他的剑在那儿唱着说："长剑啊长剑，咱们回去吧，这里吃饭没有鱼。"孟尝君知道后便让人按一般门客的规格招待冯谖，把他搬到中等房间里住，让他吃得上鱼。没过多久，冯谖又弹着剑唱了起来："长剑啊长剑，咱们回去吧，这里出门没车马。"孟尝君又让人再给他一套车马。可是，冯谖还是没有停止弹剑唱歌，不久之后他又唱道："长剑啊长剑，咱们回去吧，没钱不能养活家。"大家都觉得这个冯谖太不知足了。不过，孟尝君得知他还有老母亲在家需要养活后，便派人给冯谖的母亲带去食物和日用品，冯谖这才不弹不唱了。

有一次，孟尝君取出记事的本子问门客们谁了解会计的事。冯谖在本子上签了自己的名字，孟尝君看到这个名字觉得很陌生，便问人冯谖是谁，这才知道就是那个总弹着剑唱"长剑啊长剑"的人。孟尝君笑着说："看来这位客人确实是有真本事，我倒是轻慢了他啊，我们还没见过面呢！"立即派人请冯谖来相见。

孟尝君见了冯谖，当面向他赔礼，说："我总是被一些琐事搞得精疲力竭、心烦意乱；加上我整天处理国家大事都处理不过来，以至于怠慢了您。现在您还愿意前往薛地去为我收债吗？"冯谖说他愿意去，于是带上那些契约欠条就整装出发了。

辞行的时候，冯谖问孟尝君说："等我把债都收了，给您买些什么回来呢？"孟尝君说："您看我家里缺什么，就买什么吧。"

冯谖来到薛地，派官吏把那些欠债的老百姓都找来，一一核验他们的欠项。等核验完毕后，他假托说孟尝君有令，把大家所欠的债一笔勾销，并且当场把他们的欠条都烧掉了。欠债的百姓对孟尝君感激不已，都高呼孟尝君"万岁"。

冯谖处理完债务便立刻赶车回来，第二天大清早就要求见孟尝君。孟尝君看冯谖事情办得这么快，觉得十分惊讶，便立刻去见他。孟尝君见面就问他事情办得怎么样，债是不是都收了，又买了什么东西回来。

冯谖说债都收完了，又说他觉得孟尝君家里珍宝云集，犬马、美女都不缺，缺的只有"仁义"，于是替他用债款买回了"仁义"。孟尝君听得云里雾里，冯谖解释道："您现在只有一块小小的薛地，如果您不爱护这里的百姓，反倒用商人那一套向他们借债图利，这怎么行呢？所以我没经过您同意，就假借您的名义把那些债款都赏赐给当地的老百姓，又烧掉了欠条。当地百姓都对您感激涕零，直呼'万岁'呢，这就是给您买来的'仁义'啊！"

孟尝君听了之后心里很不高兴，不过也没说什么。过了一年，齐闵王借故贬了孟尝君的国相之职，孟尝君只好回到他自己的领地薛去。离薛地还有上百里的时候，薛地的老百姓就扶老携幼地站在路边夹道迎接孟尝君。看到这样的情景，孟尝君这才感慨起冯谖当时的做法是多么的明智，于是回头对冯谖说："您为我买的'仁义'，今天才算是见到效果了。"冯谖说："机敏的兔子要打三个洞才能为自己留好后路，以免遭遇不测之灾，现在您还只有一个洞，远远不能高枕无忧。请让我再去为您挖两个洞吧。"孟尝君于是拨给冯谖五十辆车子和五百斤黄金。

冯谖来到魏国，对魏惠王说："现在齐国把孟尝君放逐了，像他这样的能人，哪位诸侯能先留住他，哪个国家就能富强啊！"魏惠王于是派使者赶紧去迎接孟尝君。冯谖抢在使者前先回去见到了孟尝君，对他说："魏惠王给您千金黄金、百辆车子的重礼，这是何等显贵啊！咱们齐国的君臣一定听说这事了。"魏国的使臣往返了三次前来请孟尝君，孟尝君却坚决推辞不去魏国做国相。

齐国宫廷上下都听说了这个消息，生怕孟尝君为魏王效力，于是也连忙派太傅携带极为丰厚的礼物向孟尝君诚恳谢罪，请孟尝君一定要顾念与齐国君主的宗室血缘关系，绝不要帮外人。

冯谖于是劝孟尝君趁机向齐王索要先王的祭器，并把齐国的宗庙建在薛地，这相当于大大提升了孟尝君在齐国的政治地位，也表明了他与齐王同心同德的决心。等这一切办妥之后，冯谖向孟尝君说："三个窟都已经建好了，您现在可以高枕无忧了。"

　　自从孟尝君被罢免了相位，他的很多门客就离他而去。恢复相位后，孟尝君对冯谖感慨地说，自己一向以真心和热情对待那些门客，可没想到自己一旦失势，他们就都作鸟兽散，实在是让人寒心。现在自己是因为有了冯谖出谋划策才得以恢复相位，如果再见到那些忘恩负义的门客，一定要朝他们吐唾沫骂他们。

　　冯谖一听连忙向孟尝君磕头，孟尝君以为他是替那些门客请罪，结果冯谖却说不是，他磕头是因为孟尝君的话有违道理。冯谖告诉孟尝君：任何事物都有自身的发展规律，富贵的时候就会有很多人巴结围绕，贫贱的时候就很少有朋友，这本身就是一种规律。就像赶集的人，清晨都急急地往集市上凑，到了日落时分，人们就算是经过集市也不会看一眼，这并不是因为他们爱好清晨厌恶傍晚，而是因为到了傍晚，集市上早就没有他们想要的东西了。就像孟尝君失去了相位，门客离开是很自然的事，不能因此埋怨他们，应该还像往常一样，仍然对他们以礼相待。

孟尝君听了冯谖的提醒十分感激，于是再次向他拜谢。后来孟尝君又做了几十年的齐相，始终没有遭遇灾祸，这与冯谖的精心谋划密不可分。

【 文 化 内 涵 】

春秋战国时期，各国贵族都会招揽大量门客。这些门客大多身怀一技之长，常常为自己的主公出谋划策，并在需要的时候挺身而出，帮他们解决棘手的问题，而这些贵族便能由此提高声望、巩固地位。

在当时，收养门客最多、名气最大的有四位，他们是齐国的孟尝君、魏国的信陵君、楚国的春申君、赵国的平原君，人们称其为"战国四公子"。

他们的事迹很多，对战国时期历史的影响很大，也演化出许多与他们有关的成语。

【 代 表 文 物 】

兔子是力量弱小的动物，天敌众多，为了躲避敌害、保护自己，它们演化出一项"绝技"——打洞。兔子洞往往又深又大，还有多个出口，遇到危险的时候便可以出其不意从洞口逃生，所以才有了"狡兔三窟"的成语。

英国著名的儿童小说《爱丽丝漫游奇境记》中，主人公爱丽丝就是不慎掉入了兔子洞，从而进入了一个神奇的世界，开始了她的一系列冒险。

在中国古代艺术作品里，兔子的形象总是温柔乖巧，受人喜爱的。

冷枚《梧桐双兔图》
清
故宫博物院

围魏救赵

【 成语释义 】

指袭击敌人后方，迫使进攻之敌撤兵的战术。出自西汉司马迁《史记·孙子吴起列传》。

【 成语典故 】

战国时期，魏国的大将庞涓率重兵攻打赵国的都城邯郸。赵国情势危急，于是向东边的齐国求救。齐王任命田忌为大将，孙膑为军师，领兵前去营救。

一开始，田忌准备直接率领大军直下邯郸，趁着军队士气高昂，与魏国军队正面交锋。孙膑却拦住了他。孙膑认为此时魏国的主力部队都集中在邯郸，魏国都城大梁肯定兵力空虚，如果这个时候不去邯郸而是直接攻打大梁，魏国一定会回兵解救自己的国都，这样不仅可化解赵国的危机，还可以沉重打击魏国，一举两得。田忌觉得这个建议非常好，于是依计带兵向大梁进发。

魏将庞涓得到消息后，果然紧急撤军回去支援大梁，赵国危机随之而解。孙膑早就料到魏军会有这样的反应，于是在途中安排了大量的伏兵痛击魏军。疲倦不堪的魏军损失惨重，大败而逃。

【 文 化 内 涵 】

战国时期著名的战例中，有不少与赵国有关，类似"围魏救赵"的故事还有一次，同样是个经典案例，那就是"信陵君窃符救赵"的故事。

这一次换成了魏国帮助赵国解除秦国的威胁。

事情还要从公元前 260 年的长平之战说起。长平之战中，秦国大败赵国，光是坑杀投降的士兵就多达四十余万人。赵国经此一战元气大伤，此后再也无力单独与秦国全面对抗。

几年之后，秦国重新集结军队准备攻打赵国的都城邯郸，此时的赵国经过长平之战几乎没有成年男子可以上战场，于是赵国一方面安排老幼及妇女准备全力迎敌，一方面加紧联合魏、楚两国以组成联军对抗秦国的猛攻。

赵国的丞相平原君多次向魏王和魏国公子信陵君去信求救，魏王于是派大将军晋鄙带领十万大军前去救赵。秦国得知这一消息后便派人警告魏王：如果谁敢出兵帮赵国，秦国打完赵国以后立刻就收拾谁。魏王听了十分害怕，但他已经答应了赵国，而且救兵也已经在前往赵国的路上了。为了不得罪秦国又不失信于赵国，他立刻派人阻止晋鄙向前线进军，让他原地驻扎下来待观望形势后再做决定。

但是赵国这时却陷入十万火急的境地，哪里还能等，所以赵国便不断派人来催魏国军队进军。魏国的信陵君认为如果这一战赵国被灭，接下来其他诸侯国就会被秦国逐个攻打，此时不救赵国相当于坐以待毙，于是他力劝魏王赶紧出兵，但魏王不为所动，仍然按兵不动。

于是信陵君准备铤而走险，自己发兵去救赵国。

在古代，想要发兵就需要兵符，兵符一半在前线的将军晋鄙手中，另一半在魏王的身边，只有把魏王的这一半与晋鄙的那一半对上之后，才能调动军队，向前线进军。

但此时想要通过正常途径拿到魏王的这一半兵符是不可能的。信陵君于是听从门客侯生的建议，替魏王的宠妃如姬报了大仇，如姬便替他盗来了兵符。信陵君带着魏王的那一半兵符到前线与晋鄙合符，准备接管军队，但晋鄙对此事颇感怀疑，信陵君的随从便当场击杀了晋鄙。

带着魏国十万大军的信陵君匆匆出发赶到邯郸，与赵国军队会合，解了邯郸之围。秦军败走，赵国得以保全。

不过，信陵君虽然大智大勇，一举解了赵国之围和魏国之危，但盗虎符却犯下了大罪，所以事成之后，他把军队和虎符都交给了魏国的将军带回了魏国，他自己则在赵国待了十多年没敢回去。

【代表文物】

在古代，调兵遣将唯一的凭证就是兵符。春秋战国时期，人们把兵符做成老虎的形状，这就是虎符。

虎符上刻有字，写明这一枚虎符能调动哪里的士兵、调动多少士兵等内容，然后一剖为两半，左半边在前线的统帅手上，右半边在国君手上。统帅征得皇帝同意调兵的时候，皇帝会派人把右半边虎符送到军队里，左右半边完美地扣合在一起，组成完整的虎符，

杜虎符
战国至秦
陕西历史博物馆

才算是验明正身，所谓的"符合"一词，就是这么来的。

下面这枚虎节的"威力"就不如虎符了，节是古代用于理事和外交方面的信物，是我国古代使者所持的凭证。在这枚虎节的正面有错金的铭文"王命车途"，从铭文可知，它不是用来调动军队的，而是用来调动南越王出行的车马的信符。

错金铭文虎节
西汉
广州南越王博物馆

讳疾忌医

【成语释义】

　　指隐瞒病情不愿医治，比喻掩饰自己的缺点、错误，不接受批评和帮助。出自战国韩非《韩非子·喻老》。

【成语典故】

　　战国时期有一个名医叫扁鹊。有一次，扁鹊见到了蔡桓公，他发现桓公的面色不太健康，于是告诉桓公说："您已经患了病，现在这病还很轻，只在皮肤，但如果不及时治疗，病情会加重的。"蔡桓公听了不以为然，说："我没什么病。"扁鹊见桓公不相信，只好告辞。他一走，桓公就对左右不屑地说："医生就是喜欢去治那些根本没有病的人，以此来邀功扬名。"

过了十天，扁鹊又碰见了蔡桓公。他看桓公的脸色更差了，便严正地告诉桓公说："您的病情加重了，现在病已经达到肌肉了，如果还不赶紧治疗，病情一定会恶化的！"桓公听了非常不高兴，扁鹊只好悻悻地走了。

又过了十天，扁鹊又去探望桓公。这一次他对蔡桓公说："您的病已经深入肠胃了，再不治疗，会危及生命的！"桓公听后不理不睬，等扁鹊一出门，桓公更加生气。

再过了十天，扁鹊远远见到桓公，他不仅没有过去，反而转身就走。桓公感到很奇怪，于是叫人前去追问他原因。扁鹊对来人说："一开始，桓公的病只在皮肤里，用热敷就可以治好了；后来病到了肌肉里，用针灸也就够了；病一再深入，到了肠胃里，虽然不太好治，但用汤药抢救还勉强来得及；病入骨髓，那是性命攸关的地方，只有司掌生命的神能救得了了，人力已经没办法了。现在，桓公的病就已经深入骨髓了，我实在无能为力，所以不再请求给他医治了。"

　　过了五天，蔡桓公突然遍体疼痛，连忙派人去找扁鹊。这时候扁鹊早已经逃到秦国去了，因为他早知道桓公会发病，自己又救不了他，为了避免桓公迁怒加害自己，便逃到秦国避祸。蔡桓公无人能救，不久就病死了。

【文化内涵】

　　据考证，历史上并没有蔡桓公这个人，只有一个蔡桓侯，但这个人的在世时间与扁鹊差了几百年。因此史学家认为这个蔡桓公其实是战国时期的齐桓公田午（不是春秋五霸之一的那个齐桓公）。

　　故事里的齐桓公田午讳疾忌医，看上去是个很愚蠢的人，但在文化史上他却颇有功绩。田午在位之时，为了招揽天下贤才，在齐都临淄（今山东省淄博市）稷门附近设立了"稷下学宫"，算得上是中国第一所官方主办的大学。战国时期许多著名的思想家如孟子、荀子、申不害等都曾在稷下学宫授课、游学。稷下学宫的存在，大大促进了战国时期百家争鸣的局面。

　　扁鹊是战国时期的名医，传统中医善用的四诊法：

望、闻、问、切，据说就是由他开创的，他也被尊为医祖。

【代表文物】

针灸是中医重要的治病方式之一，但想要准确地找到穴位，并且扎得深浅适当，则需要医生长期的摸索训练。宋代医家王惟一发明了针灸铜人，铜人身上按照人体的形态分布着 354 个穴位，它既是当年的"教具"，又被用来考查医学生的实操能力。考试时，铜人上每个穴位都会被凿出细孔，孔里注入水银，外面用蜡封住后打磨平整。当考生扎的穴位准确，水银流出时，考试才算合格。

针灸铜人
明
中国国家博物馆

完璧归赵

【成语释义】

　　原指蔺相如将完美无瑕的和氏璧完好地从秦国带回赵国，后比喻把物品完好地归还给物品的主人。出自司马迁《史记·廉颇蔺相如列传》。

【成语典故】

　　春秋战国时期，每个国家都有自己的镇国之宝，宝物中最珍贵的则是一块美玉——和氏璧。

　　它的来历有些曲折。相传春秋时期，楚国有个名叫卞和的人捡到一块石头，他看出这块石头里蕴藏着美玉，于是把石头献给了楚厉王。可是很不幸，楚厉王找来的玉工根本看不出它的特殊之处，认为这只是块普通的石头，卞和便被楚厉王判处欺君之罪，砍去了左脚。

楚厉王去世后，卞和又去向继位的楚武王献玉。不幸再次发生，这次，卞和被砍去了右脚。

到了楚文王继位，卞和再也不敢献玉，只能抱着这块玉石痛哭。他哭了三天三夜，眼睛都哭出了血，终于打动了楚文王。楚文王命玉工切割打磨，果然得到了一块世所罕见的美玉。楚文王让人把它雕琢成玉璧，并用卞和的名字将它命名为"和氏璧"，而前面不识货的楚国人也因此被后人称为"有眼不识荆山玉"。

和氏璧一下子成了楚国的至宝，也引起众人对它的觊觎。相传到了楚威王时，和氏璧被盗出楚国，几经转手后被赵国购得，成了赵王最珍爱的宝物。

到了战国时期，强大的秦国也对和氏璧垂涎不已，想方设法要得到它，于是提出用十五座城池和赵国交换和氏璧。

当时赵国的实力远不如秦国，所以赵王十分为难。如果不答应秦国的要求，赵国担心秦国会兴兵进攻；要是答应了秦国，赵国又怕秦王失信，自己白白丢了玉璧又换不回城池。

正在进退两难的时候，赵国的大夫蔺相如主动请缨，愿意带着和氏璧去见秦王，并向赵王保证，如果换不回城池，他一定会把和氏璧完好无损地带回赵国。

蔺相如带着和氏璧来到秦国，把璧献给了秦王。秦王拿着玉璧爱不释手，左看右看，还传给大臣、后妃们看，可就是不提交换城池的事。蔺相如此时心知秦王必然失信，于是决定把玉璧夺回到自己手里。

他突然对秦王说："大王，这块和氏璧有一点小瑕疵，让我指给您看。"于是秦王把玉璧交给了蔺相如。结果，蔺相如一拿到玉璧，马上后退几步，靠在柱子上怒气冲冲地说："当初大王说情愿用十五座城池和赵国交换和氏璧，赵国的大臣们都反对，怕秦国骗人，只有我相信大王的诚信，所以劝赵王答应您。等我把和氏璧送到秦国，您却丝毫不提城池的事，看来您确实没有诚意。现在，璧在我手里，如果大王硬要逼我，我情愿和玉璧一起撞死在这根柱子上！"说完，蔺相如举着和氏璧就要往柱子上撞。这可吓坏了秦王，生怕他真的把玉璧撞碎了，于是赶紧叫人拿出地图，装模作样地在地图上划给了赵国十五座城。

蔺相如自然没有轻信，他说："和氏璧是举世闻名的宝贝，赵王把它送出来的时候斋戒了五天，还举行了隆重的仪式。现在秦国要迎接它，也应该举办像赵国一样的仪式。"蔺相如态度坚决，不容商量，秦王无奈之下只能答应。

经过这样一番波折，蔺相如知道秦王不可能守信，于是一回到驿站，就命手下带着和氏璧偷偷抄小道回到了赵国。

五天以后，秦王发现和氏璧已被送回赵国，而且此时赵国已经做好了军事准备，只能放蔺相如回到赵国。

蔺相如以无比的勇气和机智保全了和氏璧，也保住了自己的性命，留下了一出"完璧归赵"的历史佳话。

【文化内涵】

我们中国人对玉有一种特殊的喜爱。在原始时期，玉就被人们认为是山川的精华，具有通灵的神性，所以人们把玉加工成各种形状，用在最重要的场合，比如祭祀中的高级礼器、出使别国的高级礼物，或者高级陪葬品，后来又成为展现贵族尊贵身份的高级佩饰，甚至还被用来象征君子的高贵品格。

玉璧是玉器中出现最早的一种样式，它大多呈圆形，中间有圆孔。在古人"天圆地方"的观念里，璧是天的象征，代表着无上的权力，所以璧是玉器中规格最高的一种。这也就是楚王会把卞和献上的宝玉制成璧的原因。

【代表文物】

早期的玉璧样子比较朴素，大多是一块扁扁的圆形玉器，有的璧面上会被雕刻出简单的纹样。春秋战国时期，人们开始

透雕双龙高钮谷纹白玉璧
汉
河北博物院

在璧的外轮廓和圆孔内增加装饰，玉璧就变得更加华丽了。

这块透雕双龙高钮谷纹白玉璧是汉代中山靖王刘胜的陪葬品。玉璧上方是缭绕升腾的云气，两条神龙背靠背昂首挺胸，仿佛随时要腾空而去，无比灵动华美，是汉代玉器中难得的珍品。

墨玉蒲纹兽面纹璧
西汉
天津博物馆

一字千金

【成语释义】

　　原指改动一个字就赏赐千金，后形容诗文、书法价值很高或文辞精妙。出自西汉司马迁《史记·吕不韦列传》。

【成语典故】

　　战国晚期，卫国人吕不韦在各国经商，在赵国的邯郸遇到了在此做人质的秦国公子异人。当时异人处境不佳，但吕不韦认为他有朝一日可能会成为秦王，于是便决定帮助他取得王位的继承权。这让异人大为感动，承诺自己如果真的做了秦王，一定会报答吕不韦，与他共享天下。

经过吕不韦的努力，异人果然当上了秦王，他封吕不韦为丞相。在位三年后，异人病逝，他十三岁的儿子嬴政继位，这就是后来的秦始皇。吕不韦被尊为仲父，国家大权也被吕不韦掌握在手中。

虽然吕不韦权势显赫，但他原本是商人，所以人们常常会瞧不起他的出身，觉得他就是个没文化的暴发户。于是吕不韦也效仿战国著名的四公子那样广纳天下贤才，一时间门客云集。

有一次，吕不韦向门客们征求意见，问如何才能提高自己的声望。有人建议他效仿前贤，著书立说传给后世，吕不韦采纳了这个建议，开始组织门客编写一套大部头的作品。

编书的门客搜集史料、发表见解，做了大量的工作，以求让这本书尽量能够包罗天下、融汇古今。书编写完成后，吕不韦将其命名为《吕氏春秋》。

吕不韦对这部巨著相当得意，便将它公布在当时秦国都城咸阳的城门边，供各国人士前来评阅。他还昭告天下，说如若有人能够在书中增减或者改动一个字，就奖赏给他千金。

你一定很想知道，到底有没有人得到了吕不韦的重赏。史书上并没有相关的记载，所以人们认为并没有人真的得到过如此高昂的"稿费"。

【文化内涵】

《吕氏春秋》是一部综合了儒家、道家、名家、法家、墨家、农家、兵家、阴阳家等诸子百家学说的集大成之作，全书共分二十六卷，二十余万字。在当时，这样的体量称得上是皇皇巨著。

《吕氏春秋》里记载了很多经典故事和寓言，比如刻舟求剑、掩耳盗铃、舍本逐末、殃及池鱼、户枢（shū）不蠹（dù）、因噎废食、一窍不通等就出自其中。

【代表文物】

秦国之所以能够所向披靡，统一六国，先进的武器是必不可少的。戈是先秦时期最重要的一种武器，以至于人们把它看作是武力的象征。在战场上，戈的功能十分多样，既可以啄，又可以钩，还可以砍，威力巨大。

　　现在发现的吕不韦戈上面分别有"五年、七年、八年、九年相邦吕不韦戈"等字样，由此可以断定它们铸造的年代。当时秦国有规定，铸造兵器的事由丞相监督，因此我们在兵器上面可以看到当时丞相的名字。到了秦王政十年（前237年），吕不韦被免去丞相之职，迁居洛阳。

吕不韦青铜戈
战国
宝鸡青铜器博物馆

图穷匕见

【 成语释义 】

原指地图展开到最后，藏在里面的匕首就露了出来，比喻事情发展到一定时候，终于露出了真相。出自西汉刘向《战国策·燕策三》。

【 成语典故 】

战国后期，秦国的实力不断增强，在俘虏赵王、占领了大部分赵国领地之后，秦国继续向北进军，到达了燕国边界。

燕国的太子丹对此极为恐慌，于是计划派刺客刺杀秦王嬴政。当时有个卫国人叫荆轲，他为人侠义，并且剑术过人，此时正游历到燕国，于是有人把他推荐给太子丹。

太子丹向荆轲表明了自己想要刺杀秦王的想法，荆轲答应下来，但他说如果就这样去秦国，连看见秦王的机会都没有，更别说靠近、刺杀秦王了，所以必须准备足够重的礼物打动秦王，才能借献礼之机接近他，寻找下手的机会。

荆轲觉得秦王最想得到的礼物是樊於期的头。此人原为秦将，后来叛逃到燕国被太子丹收留并厚待。秦王为了得到他的人头，正昭告天下愿悬赏千金、封邑万户，所以如果能带着樊於期的头献给秦王，秦王一定会非常高兴。

太子丹觉得樊於期是走投无路才来投奔燕国，此时如果杀他太有违道义，因此很是犹豫。樊於期听说了荆轲的谋划，主动自刎而死。

为了在刺秦时更有把握一击必中，太子丹还找到了当时世上最锋利的匕首——徐夫人匕首，并把毒药浸到匕首上，再把匕首卷在地图里，以便躲过秦国的搜查。

　　一切准备就绪，荆轲还需要一个助手。当时燕国有一个名叫秦武阳的勇士，此人极为凶悍，人们都不敢正眼看他。荆轲于是找到秦武阳，和他一同带着厚礼上路了。

　　秦王看到燕国的大礼果然十分高兴，于是安排隆重的仪式接见荆轲。荆轲和秦武阳便捧着装了樊於期头颅的盒子和装着地图的匣子上殿拜见秦王。但秦武阳一看到秦国的阵势，便神色慌张，紧张得路都走不好；而荆轲却神情自若，还替他向秦王谢罪说，这是北方来的乡下人，见到天子难免害怕，请秦王原谅。

　　荆轲又拿出地图走到秦王面前，说要把献给秦国的土地指给秦王看。他慢慢展开地图，快展到最后时，藏在图卷里的匕首便露了出来。这时，荆轲一把抓住秦王的衣袖，拿起匕首就朝秦王刺去。

　　但由于他使劲儿太大，竟然没能刺中秦王。秦王被吓得不轻，连忙挣扎着逃开，连袖子都被荆轲扯断了。秦王绕着宫殿的柱子逃，荆轲在后面追，站在大殿下的大臣们都惊呆了，他们上殿不能带任何武器，此时也没人敢上前阻止荆轲，再加上事发突然，殿外带着武器的侍卫也来不及赶到。

后来，秦王在慌乱中终于拔出了自己背在身后的长剑，一下砍中了荆轲的左腿，荆轲倒地后仍然用尽力气投出了匕首，但匕首深深扎进了柱子里。很快，赶来的侍卫们便一拥而上，荆轲被斩杀，直到最后一刻，荆轲都面无惧色。

【 文 化 内 涵 】

春秋战国时期有许多著名的刺客，有些成功的刺杀改变了历史，有些则功败垂成，刺客自己也死于非命。但他们的故事一直为后世津津乐道，甚至被不断改编为小说、戏剧和影视作品，其核心正在于人们赞赏他们身上的慷慨壮烈以及士为知己者死的浩荡侠气。

司马迁在写《史记》的时候就专门为古代那些著名刺客留下传记，《刺客列传》中记载了五位刺客的事迹，其中除了荆轲刺秦王以外，还有曹沫劫持齐桓公，为鲁国讨回了被齐国占领的土地；专诸鱼腹藏剑，刺杀吴王僚帮助吴王阖闾夺位；豫让为报主公智伯的知遇之恩，在智伯死后还多次侍机刺杀赵襄子，最后刺杀未成而身亡；聂政为报严仲子之恩刺韩相侠累，失败后为了不被人认出来而连累在世的姐姐，便毁容挖眼壮烈赴死，而他的姐姐知道只有聂政才会有如此壮举，为了不埋没弟弟的名声，她在聂政的尸体前自尽。

【代表文物】

画像石上的这一幕浓缩了荆轲刺秦王这一事件的诸多片段，左侧双手高举的正是荆轲。此时他已被侍卫牢牢抱住动弹不得，由于极度愤怒，他的头发全部

荆轲刺秦王画像石
东汉
山东武氏墓群石刻博物馆

上冲，呈现出"怒发冲冠"的形象。

　　中间是大殿的柱子，一把匕首已经刺穿柱身，可见荆轲投出匕首的力气之大。顺着匕首尖往下看，柱子下方有一个打开的盒子，里面装的正是樊於期的人头，旁边倒在地上的是吓得站不起来的秦武阳。秦武阳上方那个人物是秦王，他一边逃一边回望荆轲，神色极为慌乱。

嵌绿松石玉匕
商
哈佛大学艺术博物馆

破釜沉舟

【成语释义】

原指打破饭锅，凿沉渡船，比喻决一死战，也比喻下定决心不顾一切地干到底。出自西汉司马迁《史记·项羽本记》。

【成语典故】

秦代施行暴政，底层百姓苦不堪言，因此纷纷起义抗秦。各路起义军还各自找到了六国王室后裔，重新拥立他们为王，因此社会又呈现出各路"诸侯"并起的局面。

项羽也跟随他的叔父参加了推翻秦朝的起义。他们的家乡原本是楚国的领地，因此他们找到原来的楚王子孙尊为楚怀王，起义军也自称楚军。

项羽从小就勇武过人，力气更是大得可以举得起百斤的大鼎，在起义军中表现得十分出众，赢得了大家的拥戴，在他叔父死后很快就接替了叔父的职位，成为楚军的重要将领。

当时各路起义军与秦军在全国各地展开了殊死的战斗。由于秦军人数众多、力量强大，起义军常常处于弱势，所以他们只能联合起来共同抗秦。有一次，赵国没能经受住秦军攻打，赵王逃到巨鹿，于是向楚国求救。

楚怀王于是派宋义为上将军，项羽为次将，率二十万人马前去营救。但是大军行到河南安阳就安营扎寨不再前进了，此时离巨鹿还很远。就这样，大军一停就是四十余天，项羽对此十分不满，于是去请宋义尽快安排进军解救赵国，但宋义却说不急，先避其锋芒，等秦赵交兵之后再说。项羽非常恼怒，因为一方面赵国情势危急，另一方面楚军的粮草并不充足。如果现在按兵不动，不仅不能解救赵国，也不体恤士兵，所以项羽干脆一不做二不休，第二天一早就把宋义杀了，自己接管军队成为了上将军。这件事传到诸侯军中，大家很是震惊。

亲率大军的项羽立刻安排士兵全速前进。士兵们悉数渡过漳河之后，项羽又让他们饱餐一顿，并下令每人只带三天的干粮，并传令凿沉了船只，打破做饭的锅，意思是下定决心血战到底，不取得胜利誓不回家。

在项羽的激励之下，早已断绝了退路的楚军声威大振，经过激烈的浴血奋战，最终大破秦军。秦军的主力军损失惨重，秦军由此一蹶不振。

当时还有其他诸侯也接到了赵王求救的消息，但他们不敢与秦军正面交锋，都在离巨鹿不远的地方观望，直到项羽率领楚军如神兵天降大破秦军，这才纷纷赶来。

巨鹿一役之后，项羽的声威达到了前所未有的高度，各路诸侯都归附于他，拥立他为统帅。

【文化内涵】

项羽凭借自己的武力成为西楚霸王，威震一时。

后来，起义军的另一个领袖人物刘邦崛起，成为与项羽争夺天下的敌手。但项羽缺少谋略和决断，又刚愎自用，多次错失良机，最终被刘邦的汉军围困在垓（gāi）下（现在安徽省灵璧县境内）。

被围后，楚军兵力稀少，粮食又将要用尽，情况极为危险。汉军并没有穷追猛打，到了晚上，从汉军军营里传来了楚地的歌声，这其实是汉军谋士的计策，为的正是动摇楚军的军心。

楚军果然中计，一些将士听到家乡的楚歌便起了思乡之情，于是偷偷逃散。项羽以为大本营被汉军占领，心灰意冷，失去了东山再起、与汉军再决雌雄的雄心。

彻底失去斗志的项羽于是在自己的营帐里喝起了酒，他的宠姬虞姬一路跟着他南征北战，此时也陪着他喝酒。

项羽听着四面的楚歌，回想自己从起义之初意气风发，直到如今身陷绝境，越喝越伤心、越喝越绝望，唱起了悲凉的哀歌。他唱道："力拔山兮气盖世，时不利兮骓不逝。骓不逝兮可奈何！虞兮虞兮奈若何！"一连唱了许多遍，虞姬也跟着他应和。唱罢，项羽泪如雨下，左右随从也都泣不成声。

后来，项羽决定冲出重围，但又担心虞姬难以逃出去，左右为难。虞姬为了断绝项羽的后顾之忧，趁项羽不注意，拔出他的宝剑自刎，项羽更加悲恸欲绝，这就是著名的"霸王别姬"，后世的文学、戏剧、影视对这段凄绝动人的故事也都一再演绎。

虞姬死后，项羽带着二十八名亲随企图冲出包围，但最后却被逼到乌江边。过江便是他的家乡，但项羽觉得跟从自己起义的八千江东子弟此时已全军覆没，深感自己无颜再见江东父老，于是自刎于乌江岸边。

他死时，才三十一岁。

【代表文物】

这个灶具被做成了一只老虎的样子，造型很有趣。它张大的嘴巴就是灶口，灶眼上架着的其实是个两件套的炊具，上面锅一样的东西就是釜，可以做饭，下面是甑（zèng），可以蒸食东西，就像现在的蒸锅；灶后还有排烟道。这套灶具可以拆卸组装，便于携带，适合外出行军打仗或者游猎时使用。

虎形灶
春秋
山西博物院

项庄舞剑，
意在沛公

指表面上的言语行为所表示的意思，并不是行为者的真正意图。出自西汉司马迁《史记·项羽本纪》。

秦末的起义军中，数项羽和刘邦领导的两支队伍实力最强。当时他们都是楚怀王的部下。楚怀王下令两人各率军队进军咸阳，并且约定谁先攻下秦的都城咸阳，就封谁为关中王。

项羽由于在巨鹿与秦军主力遭遇，解除了赵国之困，耽误了许多时间，刘邦军队因此得以一路顺利地攻入咸阳，还阻挡后至的项羽军队进入关中。项羽对此极为恼怒，于是掉转枪头直攻函谷关。项羽的谋士范增看出刘邦想要当关中王的野心，于是力劝项羽尽快消灭刘邦，项羽决定第二天一大早发兵攻打刘邦。

项羽的兵力大约四十万，刘邦的兵力只有十万，这场大战的胜负几乎毫无悬念，刘邦的性命危在旦夕。

当时，项羽的伯父项伯知道这个消息后非常着急，因为他的好朋友张良现在正是刘邦的谋士。如果这一仗打起来，张良很可能性命不保，于是他连夜骑马来到刘邦的军营，私下见到张良，并叫张良赶紧离开刘邦，免得到时候被殃及。但张良却不肯逃走，他说自己早已跟定了刘邦，现在刘邦有难，自己若一走了之那是不讲信义，便把这件事立刻报告了刘邦。

刘邦大惊失色，便问张良该如何处理。张良告诉刘邦，现在唯一行得通的办法，只有告诉项伯，自己并不敢背叛项羽擅自称关中王，先平息项羽的怒火再说。刘邦便请来项伯，像对待兄长一般向项伯行礼，并诚恳地向他解释自己所做的一切。刘邦说自己先入咸阳，大小财物半分都不敢私藏，而是登记造册放到府库里，就是为了等项羽来了好移交给他；自己派兵把守函谷关更不是想阻挡项羽的军队，而是为了防止别的盗贼前来作乱。自己时时刻刻都盼着项羽能早早来到咸阳，绝不敢忘恩负义，绝不敢对项羽有半点不敬。刘邦请项伯把这些话带给项羽，并且还约定第二天一大早就去向项羽谢罪。

项伯看刘邦态度恳切，便相信了他的话，连夜赶回项羽的军营把刘邦这些话都转告给了项羽，又趁机劝项羽说："刘邦攻破关中本立下大功，又如此真诚谦卑地对你，你现在要去攻打他，这是不仁义的行为，你应该友好地款待他才是啊。"

第二天一大早，刘邦果然带着一队人马来到鸿门向项羽谢罪，并对项羽说，自己和项羽合力破秦，没想到自己能够先攻入咸阳，现在因为小人的流言中伤，才使得他和项羽之间产生了猜疑。项羽于是开席设宴留下刘邦喝酒，刘邦也不得不心惊胆战地赴宴。

项羽的谋士范增力劝他尽快除掉刘邦这个心腹大

患，提前约定在宴会上动手。

宴会开始，范增多次给项羽使眼色要他快点动手，又举起自己佩戴的玉玦（jué）^①向项羽示意快下决断，但项羽却没有任何反应。范增无奈，于是去帐外召来项羽的堂兄弟项庄，要项庄祝酒后请求舞剑助兴，趁机杀了刘邦。项庄依计而行，却不料他舞剑的时候项伯说要与他对舞。项伯借舞剑掩护着刘邦，项庄无法下手。

张良看到情势紧急，于是跑出去找到刘邦手下的勇士樊哙（kuài），向樊哙描述了席间的情景，告诉他项庄舞剑其实意图是刺杀沛公（对刘邦的尊称）。樊哙一听，拿着剑、提着盾牌冲开了前来阻挡的卫士，闯到了宴会上。

樊哙站在大厅中央，直直地瞪着项王，样子十分愤怒。项羽握着剑问这是谁，张良说这是给刘邦驾车的人。项羽很欣赏樊哙的勇猛，赏给他一杯酒，樊哙把酒一饮而尽；项羽又赏给他一个生的猪前腿，樊哙

---

① 玉玦，我国最古老的玉制装饰品，环形，有一缺口，主要被用作男子的配饰。

便把盾牌扣在地上，把生猪腿放在盾上切着吃了。项羽又问他还能不能喝酒，樊哙毫不犹豫地朗声说道："我连死都不怕，哪里会推辞一杯酒。"接着又说，"秦王的心肠狠如虎狼，杀人如麻，用尽酷刑，所以天下人都起来反抗。楚怀王曾和诸将约定谁先攻入咸阳谁就可以做关中王，现在沛公先攻入咸阳，却把所有的财物都原封不动地留待大王，又派兵驻守函谷关以防有人趁乱做坏事，安排完毕后便退兵霸上只待大王前来。这样劳苦功高不仅没有得到赏赐，反倒因为小人离间，让大王想要杀掉沛公，这和秦王的做法有什么区别？我认为大王不应该这样做。"

项羽听了这些话没有回答，只让樊哙坐下来。坐了一会儿，刘邦借口上厕所离席，趁机把樊哙也叫了出来。刘邦想乘机逃走，又怕没有告辞不合礼仪惹怒项羽，樊哙却劝他说："做大事不要拘泥于小节，讲大礼不必计较细节上的疏漏。现在人家像是菜刀和砧板，我们则像是鱼和肉，回去告辞还有活路吗？"

刘邦便匆匆离开，留下张良向项羽赔礼道歉，并且让张良把自己带来的一对玉璧送给项羽，把一对玉斗送给范增。

刘邦抄小路回到自己的军营里，张良则带着礼物进去赔礼道歉。张良向项羽解释说：刘邦酒量不行，当面告辞又怕失礼，所以托他奉上厚礼。项羽问现在刘邦在哪里，张良说刘邦害怕项羽责备，所以先离开了，此时已回到军营。项羽便接受了玉璧，相当于接受了刘邦的道歉，原谅了他，但范增却把刘邦送上的那一对玉斗用剑击得粉碎，十分气恼地说项羽这小子成不了大事，将来夺走项羽天下的必定是刘邦，他们也都会成为刘邦的俘虏。

范增的预料果然没有错。四年之后，项羽兵败身亡，刘邦夺取天下，建立了西汉。不过，范增在此之前已经病故，倒是幸免成为刘邦的俘虏。

【文化内涵】

在古代，人们根据玉中的孔和边的比例，给不同形状的玉起了不同的名字：边宽孔小的称为璧，边和孔一样宽的称为环，边窄孔大的称为瑗（yuàn），边上有一道缺口的称为玦。

这四种不同形状的玉也被用来表达不同的意思。

玉璧的规格最高，所以由地位低的人向地位高的人赠送，使者出使邻国也要向对方赠送玉璧，以表达问候和敬意。

玉环则用来表示恢复原来的关系，因为"环"和"还"谐音，所以如果流放在外的臣子收到君王送来的玉环，说明他还有机会再见君王。

玉瑗用于古代君王要召见外国使节或朝廷大臣之时，瑗字本身就有引导、扶助的意思。

玉玦则表示决断、决绝、决裂，这也是因为"玦"与"决"谐音，所以鸿门宴上，范增频频举起玉玦，就是在示意项羽早做决断。被放逐的臣子如果收到君王送的玉玦，就意味着君王再也不想见到他了。

【代表文物】

红山文化距今五六千年，发源于东北地区西南部，是华夏文明最早的遗迹之一，因遗址最早在内蒙古赤峰红山后被发现，1954 年命名为红山文化。红山玉器是红山文化最突出的标志，玉猪龙又是红山玉器中最具代表性的玉器。玉猪龙在红山文化中多有发现，头像猪首，整个玉的造型像猪的胚胎。

　　这是红山文化中极具典型性的一种玉龙，由于它的头尾之间有一道小缝，样子类似玦，所以也有人称之为"玦形龙"。

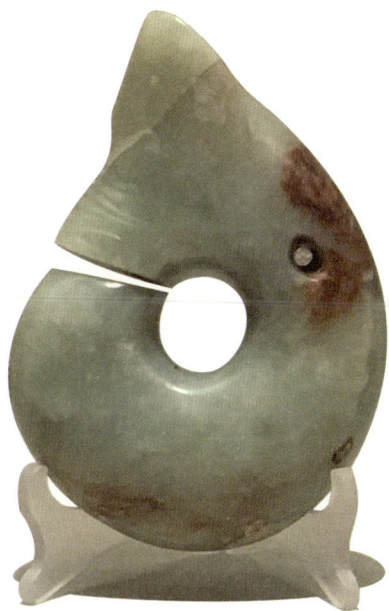

玉猪龙
新石器时代
辽宁省博物馆

一饭千金

【 成语释义 】

比喻受人点滴恩惠必定厚报。出自西汉司马迁《史记·淮阴侯列传》。

【 成语典故 】

秦末，江苏淮阴有个名叫韩信的年轻人，他年少时就很有理想抱负，又很有雄才大略，但由于家里十分贫穷，没机会被推举为官。他又不会经商做生意，所以日子过得很艰苦，只能投靠在别人家饥一餐饱一顿地维生。

为了充饥，韩信经常跑到城郊的河边钓鱼，常常遇到一些老大娘在河边漂洗丝绵。有一位老大娘看到韩信总是没饭吃，非常可怜他，于是把自己带来的饭分给他吃，一连几十天都是这样。

韩信吃了老大娘分给他的饭，信誓旦旦地保证，说自己将来一定会重重地报答老人家。结果这位老大娘非常生气，对他说："你一个堂堂男子汉，自己不能养活自己，我是看你可怜才分给你饭吃，难道是希望求得你日后的报答吗？"

韩信后来跟随刘邦打天下，受封为楚王。他衣锦还乡，找到了当初分给他饭吃的这位老大娘，真的赐给她千金作为报答。

【 文 化 内 涵 】

韩信年少时家里极为贫困，只能到处讨饭，他为人又不拘礼节，所以很多人都厌恶他，但他始终拥有宏伟抱负，坚信自己一定能做出一番惊天动地的大事。韩信母亲去世后，家里穷得没有钱安葬。韩信却寻找了一块地势又高又宽敞的坟地，说要让坟周围可以安顿下万户人家，意思就是自己至少要做万户侯。

不过，他一直没有找到机会施展抱负和才干，过得很潦倒。有一次，他在老家淮阴城中被一个年轻的屠户拦住去路。那个人对韩信说："你虽然长得高大，还总是佩着剑，但其实你是个胆小鬼。"又当众挑衅侮辱他说，"你要是胆大不怕死，就拿剑刺我；你要是胆小怕死，就从我胯下爬过去。"韩信便真的低下身子从他的胯下爬过。众人哗然，难以置信他能忍受这样的奇耻大辱，而韩信却始终面不改色。

秦末农民起义爆发后，韩信投奔楚军并多次向项羽献计。项羽却对他极为轻视，根本不采纳他的计策。韩信觉得跟着项羽毫无前途，于是投奔刘邦。

来到刘邦营中的韩信一开始同样默默无闻、不受重视，只被刘邦封了个管粮饷的小官。但刘邦的丞相萧何却极为赞赏韩信的才华，多次向刘邦力荐，希望刘邦能重用韩信。

不受重视的韩信在刘邦营中觉得心灰意冷。当时很多人都逃离了汉营，韩信也逃走了，想要再寻出路。得知此事的萧何一听大惊，来不及向刘邦汇报，便快马加鞭去追韩信，最后总算在夜里追到了韩信，并把他劝了回来，还向他承诺一定让刘邦拜他为大将，统率三军。刘邦一开始以为萧何逃跑了，后来才知道他是去追韩信，还责怪他小题大做。萧何告诉刘邦，如果想要平定天下，非得到韩信的辅佐不可。刘邦这才将信将疑地拜韩信为大将，并且举行了隆重的仪式。

韩信为刘邦分析了局势，提出了夺取天下的方略。刘邦对他言听计从。韩信不负重望，自从统率汉军以来，战不无胜、攻无不克、无一败绩，最后在垓下一役全歼楚军，楚汉之争以刘邦大获全胜而告终。由于韩信功劳盖世，被赞为"国士无双"。

韩信因用兵出神入化而被后世誉为"兵仙"。

不过，韩信的结局却很惨。韩信功高盖主，受到刘邦的忌惮，在刘邦领兵外出征战时，被人告发谋反，被萧何骗进未央宫，最终被刘邦的皇后吕后处死。

在韩信的一生中，萧何总在关键的节点起到关键的作用，民间也因此总结出一句"成也萧何，败也萧何"的俗语。

【代表文物】

梅瓶的画面上，萧何骑马一路狂奔，直到韩信跟前才急急扯住缰绳，所以马儿仍做四蹄腾空状，马尾与萧何的胡子都远远飘在身后。韩信已经下马站在河边准备渡河，却因为前途未卜露出落寞的神情。两个人物姿势和神情一动一静，展现出强烈的戏剧性。

萧何月下追韩信梅瓶
元
南京市博物馆

一诺千金

指许下的一个诺言有千金的价值，形容说话极有信用。出自西汉司马迁《史记·季布栾布列传》。

【成语典故】

季布是楚地人，为人特别讲义气，尤其爱打抱不平，在楚地的名声很好。秦末农民起义时，季布参加了项羽的军队。他率军与刘邦的军队作战时屡屡打败刘邦，刘邦当上皇帝后便悬赏千金要捉拿季布，还下令如果有谁胆敢窝藏季布，论罪要灭三族。

由于季布一向受到大家的尊重和爱戴，大家不忍心出卖他，还帮他躲避朝廷的追缉。一个朋友帮他剃掉头发，让他换上粗布衣服，把他作为奴隶卖给鲁地一家姓朱的人家。朱家也知道他正是大名鼎鼎的季布，于是当作自己家的儿子善待他，还要把田间耕作的事都交由他管理，让他和主人家吃同样的饭菜。

朱家认识深得刘邦信任的滕公，便借机来到滕公面前，问刘邦为什么恨季布，还故意问滕公觉得季布是什么样的人。滕公说刘邦是因为早年与项羽争夺天下的时候，总是被季布打败，所以对他恨之入骨，但滕公自己却认为季布是一个有才干的人。朱家替季布辩驳道："做臣下的不得不听自己主上的差遣。季布作为项羽的臣下，受他差遣、替他卖命完全是分内之事，如果要这么说，做过项羽臣下的人，难道全部要被杀吗？现在皇上刚刚取得天下，如果凭着个人怨恨去抓捕一个人，那不是向天下人表明自己心胸狭窄吗？如果把季布这样有才干的人逼急了，他可能向北逃到匈奴那里，或者向南逃到越地去，那岂不是硬生生把自己国家的勇士贡献给敌国吗？历史上犯过这种错误的人，哪个有好下场呢？您深得皇上信任，为什么不找机会劝劝皇上呢？"

　　滕公于是向刘邦进谏，刘邦赦免了季布，还召见了他。季布向刘邦表示服罪，刘邦不仅没有为难他，还任命他做了官。

　　刘邦死后，匈奴王单于写信侮辱吕后，吕后极为愤怒，召集将领问他们该怎么对付匈奴。当时任上将军的樊哙口出豪言，说愿带领十万人马踏平匈奴，众将为了讨吕后欢心，也都纷纷附和。季布却说："樊哙这个人真该斩首！当年刘邦曾率领四十万大军征讨匈奴，尚且被围困在平城，樊哙说用十万人马就能踏平匈奴，这完全是胡说。还有当年的秦始皇，也想对匈奴用兵，没有处理好这个问题，才导致陈胜等人起义，天下大乱，给老百姓带来巨大的创伤。现在樊哙只顾着逢迎您，这是又要陷天下于不安宁之中啊。"吕后听了他的这番话，再也不提攻打匈奴的事了。

　　楚地有个叫曹丘的人一直很仰慕季布，想与他结交，但曹丘的名声不太好，季布对他很不屑。有一次，曹丘见到季布，便对他说："我们楚人有句谚语，'得到百斤黄金，也比不上得到季布的一句承诺。'"曹丘又说，"我是楚地人，您也是楚地人，由于我的努力宣扬，您的名字才传遍天下，人人敬重，难道我对您来说一点作用都没有吗？您为什么这样坚决地拒绝我呢？"

季布听了一下子心情大好，于是把曹丘待为贵客。季布的名声之所以越来越大，都是曹丘替他宣扬的结果。

【文化内涵】

重承诺、讲诚信，是人们历来珍重的品质。孔子就说过："自古皆有死，民无信不立。"历史上还有不少重承诺的故事。

孔子的学生曾参是鲁国著名的思想家。有一次，曾参的妻子随口哄孩子说只要听话，等办完事回家就杀猪给他煮肉吃。孩子很听话，妈妈却早已忘了自己的承诺。曾参了解这事以后便真的把猪杀了，妻子责怪曾参不该把这种哄孩子的话当真，曾参却严肃地说："如果大人骗了孩子，孩子就会骗大人，更会欺骗别人，事关信用，可不是小事啊！"

战国时期让秦国迅速崛起的商鞅变法，也是从取信于百姓开始的。当时，商鞅为了取信于民，便在都城南门立了一根三丈高的木头，并发告示说，如果谁能把这根木头搬到北门，就赏赐十金。老百姓将信将疑，没有人行动。商鞅又把赏赐提高到了五十金，这时有个人决定一试。等他把木头搬到北城后，真的得到了五十金。事情一传十、十传百，变法取得了百姓的信任，也得以顺利地施行。

【代表文物】

我们常常在古文中看到"千金""百金"的说法。据研究，春秋以前，"金"往往是指铜；战国开始，"金"多数时候是指黄金；汉代，"一金"代表着一斤黄金。东汉以后，则常说赏金多少两，开始用"两"作为明确的单位。

"郢爰"金币 [1]
战国
徐州博物馆

---

[1] 郢爰（yǐng yuán），郢为楚国的都城，爰为货币重量单位。郢爰是我国最早的原始黄金铸币，含金量在90%以上，质量上好的可达到99%。

古代的黄金会被铸成各种形状，如金饼、马蹄金、麟趾金、金铤（tǐng）等。

金铤
唐
山西博物院

金饼、马蹄金和麟趾金
西汉
西安博物院

雁足传书

【 成语释义 】

指大雁能传递书信。出自东汉班固《汉书·苏武传》。

【 成语典故 】

在汉代，北方少数民族匈奴与中原汉朝的关系时好时坏，汉代有时候会送女子与匈奴和亲，有时则会派使节送给匈奴礼物，以此换来与匈奴的和平相处。在汉武帝时期，匈奴恰好有一个新单（chán）于继位，为了表示友好，汉武帝派中郎将苏武带着礼物出使匈奴。结果苏武受到匈奴内乱的牵连，被匈奴扣押下来，匈奴贵族还多次威逼利诱苏武，想要他投降。苏武无论如何都不答应。气急败坏的匈奴为了惩罚他，便把他流放到北海边牧羊，并扬言只有公羊生子才可能放他回汉朝。据考证，当时的北海就是今天的俄罗斯贝加尔湖一带，那里长年酷寒，生活条件十分恶劣，但苏武却思念汉朝，不肯屈服于匈奴。

虽然北海与汉朝相隔千里，但苏武坚信总有一天能回到故国。他靠着这个强大的信念挨过了生活困苦、孤独难耐的日子，唯一与他做伴的，除了那一群小羊，便是那一根作为使臣身份标志的节杖。就这样日复一日，年复一年，苏武始终盼着南来的消息。十九年过去了，苏武的头发胡子早已花白，节杖上挂着的牦牛尾毛装饰物也都掉光了，但他始终手持节杖不肯扔掉，以表明自己身为汉使的身份和回归故国的决心。

汉朝见派出的使臣一直没有回来，便不断要求匈奴释放苏武回国，但匈奴方面却推托说苏武已经死了，拒不交还。

过了十多年，汉武帝驾崩，汉昭帝继位，匈奴想与汉朝和亲，于是汉朝又向匈奴派出了使臣。汉使在匈奴逗留期间，得知苏武在北海牧羊，于是向匈奴提出迎回苏武。匈奴方面还想谎称苏武已经离世，汉使却说汉朝的天子在上林苑打猎，射下一只大雁，雁足上系着一根布条，布条上明明白白地写着苏武在北方的沼泽之中牧羊的事。单于无法抵赖，只好把苏武等人送还汉朝。

还朝后，汉昭帝赐苏武厚禄。后来继位的汉宣帝更是赐他关内侯的爵位，并将他列为麒麟阁十一功臣之一，以褒扬他的节操。

后世以苏武的故事为题材的诗歌、绘画、戏剧、歌曲数量极多，尤其到了中华民族面临危难的关头，苏武的故事就会一再被人提起，用来培养人们的爱国主义情操。

【 文化内涵 】

由于苏武的故事广为流传，鸿雁便成为书信的代称。另外，"鱼传尺素"也指传递书信，这是因为古人会把写在绢帛上的书信塞进鱼腹中传给对方，所以人们也用鱼肠、鱼书代指书信。

相关的诗句也很多，如南朝王僧儒《咏捣衣诗》

有"尺素在鱼肠，寸心凭雁足"，唐代戴叔伦的《相思曲》有"鱼沉雁杳天涯路，始信人间离别苦"，宋代晏殊的《清平乐》词中也有"鸿雁在云鱼在水，惆怅此情难寄"的句子。

【 代 表 文 物 】

汉代铜灯的造型很有巧思，以雁足或雁鱼为形的灯是比较常见的一种，据考证很可能运用了雁足传书的典故，以寄托对亲友音书的期盼。另外，大雁作为一种信鸟，其形象也常常出现在古代男女结婚时的物品上。

雁足灯
东汉
洛阳博物馆

李迪《苏武牧羊图》
南宋
故宫博物院

朱云折槛

【 成 语 释 义 】

意思是朱云折断了栏杆，形容敢于直言进谏。出自东汉班固《汉书·朱云传》。

【 成 语 典 故 】

西汉时期，汉成帝在位时，对曾经做过自己老师的张禹极为宠信，不仅任命他为丞相，还封他为安昌侯。后来，张禹因为年老不再担任具体职务，汉成帝便让他担任特别顾问，遇到朝中大事，还是与他商议。但张禹却利用汉成帝的信任和自己的权势牟利，甚至欺骗皇帝。当时，朝廷中外戚和王侯专权的现象很严重，官员和百姓纷纷上书揭发，但张禹和他们有牵连，所以当汉成帝问张禹情况时，他却说这些揭发都是胡说八道，要汉成帝别相信。

当时有位名叫朱云的小官刚正不阿，面对这种情况，他上书请求朝见皇帝。在朝堂上，他毫不客气地批评张禹之类的高官，说他们对上不能尽职辅佐皇帝，对下不能努力造福百姓，只知道为自己谋私利，还要欺压百姓。于是他请求汉成帝赐他一把尚方宝剑，说要斩杀一个大奸臣，成帝便问这个大奸臣是谁，朱云愤怒地说正是安昌侯张禹！汉成帝一听勃然大怒，朱云这一介小小的官吏竟敢诽谤忠臣，而且这位忠臣还是皇帝的老师，这更是罪不可赦了。汉成帝便令人捉拿朱云。朱云却理直气壮地并不认错，等侍卫抓住他要把他带走时，他的两只手紧紧地抱住殿前的栏杆极力挣扎，竟然把栏杆都扳断了。朱云一边挣扎，一边大声说道："我有幸能与夏代的忠臣龙逄、商代的忠臣比干为伍，和他们一起同游地府，也没什么遗憾了，只是不知道皇帝陛下的江山将来会是什么样的呢？"

听了朱云的话，汉成帝心中一震，他想到夏代和商代的忠臣被杀，因此也很快亡了国。就在这时，左将军辛庆忌挺身而出，对汉成帝说，朱云一向为人耿直、忧国忧民，如果他说的是事实，那就不能杀他；即便他说得不对，皇上也应该宽宏大量容纳他，这样才会有更多的忠臣敢于进谏。汉成帝于是赦免了朱云。

后来，宫廷的总管向皇帝请示修补被朱云折断的栏杆，汉成帝却说不要换新的了，他要留着折断的栏杆，以它鼓励、表彰忠诚耿直、敢于进谏的臣子。

【文化内涵】

在历史上，汉成帝是著名的昏君。

汉成帝有一段时间盛宠班婕妤，二人形影不离，连外出都要和班婕妤一同乘辇，但班婕妤坚持不肯，她委婉地劝汉成帝，说古代的圣贤之君都是大臣在侧，只有亡国之君才与宠妃同辇，为了不让皇帝像亡国之君一样，她只能辞辇了。

后来汉成帝冷落了班婕妤而专宠赵飞燕、赵合德姐妹，导致国政混乱。

班婕妤被冷落后极为感伤，写下著名的《团扇歌》：

"新制齐纨素，皎洁如霜雪。裁作合欢扇，团团似明月。出入君怀袖，动摇微风发。常恐秋节至，凉意夺炎热。弃捐箧笥中，恩情中道绝。"

从此，人们就用"秋扇见捐"这个词形容女性被自己所爱的人冷落。

唐代的王昌龄写过许多《长信秋词》，正是借用了班婕妤的典故，其中最著名的一首便提到了团扇："奉帚平明金殿开，且将团扇共徘徊。玉颜不及寒鸦色，犹带昭阳日影来。"

【代表文物】

《折槛图》是一幅故事画，画面上每个人的姿态、神情都极其符合他们的身份和性格。汉成帝侧身盘脚坐在榻上，胸前的衣服都敞开来，符合他对朱云"犯上"时异常愤怒的心情；朱云一边努力攀着围栏，一边握住笏板苦苦相谏，神情坚忍又略显凄苦，足以体现他对皇帝、对国家的一片忠心；权臣张禹身体稍稍向外倾，似乎被朱云的气势所震慑，但神情又不免得意；中下部的辛庆忌为朱云求情，因此态度谦卑恳切，

诚惶诚恐。画面情节紧张而热烈，人物富有鲜明的个
性，线条遒劲有力，是人物画的精品之作。

《折槛图》
宋
台北故宫博物院

举案齐眉

原指送饭时把托盘举得跟眉毛一样高，后形容夫妻互相尊敬。出自南朝范晔《后汉书·梁鸿传》。

【 成语典故 】

东汉初年，陕西有一个隐士名叫梁鸿，他虽然家境贫寒却深有气节，德行高贵又博学多才，因此很多人家都想把女儿嫁给他，但梁鸿却一一谢绝了人们的好意，迟迟没有娶妻。

与梁鸿同县的孟家有一个女儿，她相貌丑陋、力气很大，却有贤良的美名，每次家里为她选择夫婿她都不答应，转眼她已经三十岁了。有一次，她的父母问她到底要嫁什么样的人,她说自己要嫁给像梁鸿这样的贤德之人。梁鸿听说后便决定来下聘礼,向孟家提亲。孟家女儿只要求一些布衣、草鞋,还有纺织用的筐子、纺线搓绳的工具。

等到出嫁那一天,孟家女儿认真梳洗打扮了一番,穿着绫罗绸缎做的华服嫁进了梁鸿家。但是一连七天,梁鸿都不理睬她,孟家女儿很不解又很委屈,于是对梁鸿说:"我听说您品行高尚,已经拒绝过几位前来求嫁的女子,我也谢绝过几位前来求娶的男子。现在我被您这样嫌弃,哪敢不向您请罪啊。"梁鸿告诉她说:"我想要娶的是穿粗布衣服、可以和我一起隐居在深山老林里过苦日子的人。你现在穿着丝绸华服,还涂脂抹粉,这哪里是我想要迎娶来一起过日子的人呢?"妻子说:"我这么穿只不过是为了看看您的志向而已,我早已经准备了隐居的服装。"于是脱下丝绸衣服,穿上粗布衣,又洗去浓妆,梳起简单的发式,做起了家务。梁鸿看了高兴地说:"这才真是我梁鸿的妻子啊,我们可以志同道合地一起生活了。"于是为妻子取名叫孟光,字德曜。

他们生活了一段时间后，妻子孟光问梁鸿："我常听您说想要隐居起来躲避祸患，现在怎么还没有行动呢？您是准备就这样过下去吗？"听了妻子的话，梁鸿便和她一起来到霸陵山中，两人耕田织布、咏诗弹琴，日子过得很悠闲。

后来他们来到吴地，投靠在世家望族皋伯通门下，梁鸿做雇工给人舂米。每天回来，妻子总是为他准备好食物，而且把放食物的托盘举得跟眉毛一样高。主人家看到了觉得非常奇怪，认为这个雇工竟能让妻子如此敬畏，一定不是平常人，于是不再让他干那些粗活儿杂事，而是让他住在家里当了门客。梁鸿因此可以闭门潜心著书。

【文化内涵】

梁鸿与孟光举案齐眉的故事，千百年来一直被作为夫妻相敬如宾的楷模，受到人们的赞颂。西汉也有一个类似的故事——张敞画眉，用来表现夫妻感情的亲密。

张敞是西汉时期的一个官员，他为官清廉、处事有决断，后来做到了京城行政长官的职位。一般人担任这个官职都很难做得久，但张敞却因为赏罚分明、才干出众，受到当时大臣们的欣赏和佩服，因此任期很长。

张敞和妻子的感情很好，他的妻子在幼年时受过伤，眉角有一点缺陷，张敞就每天亲自给妻子画好眉毛再去办公。后来，这件事在长安城中就流传开了。和张敞有过节的人便抓住这件事到汉宣帝面前告状，说他这样做有失大臣的体统，汉宣帝便召来张敞询问。张敞觉得皇帝问询臣子的应该只限于国家大事有没有做好，不应该去管这种私事。汉宣帝爱惜他的才干，并没有责难张敞，但此后却再也没有升他的职了。

【代表文物】

这幅《高士图》画的正是东汉高士梁鸿和孟光夫妇"举案齐眉"的故事。画家把梁鸿和孟光安置在崇山密林之中，背后是山峦险峰，房前则是瘦石古树，还有屋外的柴扉、房内的竹案等细节，都恰到好处地烘托出隐者逸士的高洁志趣。

卫贤《高士图》（局部）
五代
故宫博物院

割席分坐

【成语释义】

用刀把席割断，表示不愿意坐在一张席子上，比喻朋友绝交。出自南朝刘义庆《世说新语·德行》。

【成语典故】

三国时期的魏国有两个名人，一个叫华歆，一个叫管宁，他们年轻时是好朋友，一起读书，一起学习。不过，两个人的性格却截然不同，华歆喜欢富贵，管宁却十分俭朴。

有一天，两个人在菜园子里锄地，锄着锄着从地里翻出来一块金子。管宁像是没看见一样继续锄地，华歆却十分兴奋地捡起金子看了又看，最后看到管宁无动于衷，才不好意思地把金子扔了。

又有一次，两个人都在书房里读书，这时门外路过一个达官贵人，一帮人对他前呼后拥，声势很大。管宁像是没听见一样，仍然神色平静地读他的书，华歆却扔下书跑去看热闹，回来的时候还向管宁眉飞色舞地描述那位达官的排场，言语之间流露出羡慕和向往的神色。管宁对此极为厌恶，于是抽出刀子把他们坐的席子一割两半，对华歆正色道："你不是我的朋友，我们以后就不要坐在一起了。"

后来华歆官做到很大，成为曹魏重臣，管宁则成为当时著名的隐士。

【文化内涵】

我们现代人坐的高脚椅子等坐具是在魏晋南北朝时期从西北游牧民族传入中原的，到了唐代才普及开来，在此之前，中原人主要坐在席子上，称为"席地而坐"。规范的坐姿被称为跽（jì）坐——上身直立、双膝跪地、屁股放在脚后跟上，如果双脚向前伸着坐，就会被认为非常不雅、非常失礼。

席子的大小和坐在席子上的位置也有讲究，一般来说，独坐一张席子的就比几个人同坐一张席子的地位要高些。如果有宾客到来，主人家的长辈一个人坐在正位，这就是"主席"这个词最原始的意思。

另外，宾客来到宴会坐到席子上就叫"出席"，如果宾客没有来，席子也就空缺着，就是"缺席"了。

【 代表文物 】

古人常常用铜块或石头等重物压住席子的四个角防止卷起，用来压席子的物品就叫席镇。人们为席镇设计了各种各样的造型，这两件被塑造为说唱艺人形象的铜俑就被用作席镇。有些贵族使用的席镇还采用鎏金工艺或者镶嵌宝石，极尽奢侈。

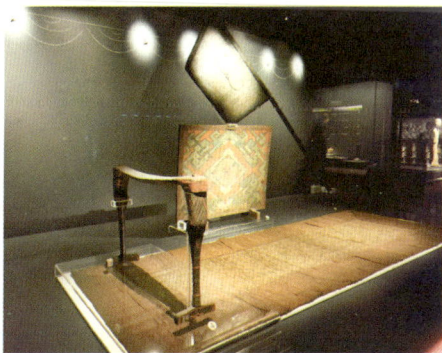

扇子、凭几、屏风和竹席进行的组合
西汉
湖南省博物馆

铜说唱俑
西汉
河北博物院

《列女仁智图》全幅共分十段，每段都有人名和颂词，这一段中的卫灵公和夫人就是"席地而坐"。

顾恺之《列女仁智图》（局部），北宋摹本
东晋
故宫博物院

封金挂印

【 成语释义 】

指不受赏赐，辞去官职。出自明代罗贯中《三国演义》。

【 成语典故 】

在建立蜀汉称帝之前，刘备在很长一段时间内都没有稳固的根据地，又常常吃败仗，总是投靠不同的势力。

有一次，刘备在徐州被曹操打败，投奔了割据河北的袁绍，而关羽则被围困在一座土山上。曹操爱惜关羽之才，于是派曾经跟关羽有一面之交的张辽来劝关羽投降。

关羽原本负责护送刘备的夫人，此时却身陷困境无路可去。他本想自杀谢罪，但张辽劝住了他，说他如果自杀那就辜负了刘备对他的重托，而曹操又如此看重他，不如投降曹操才是上策。

关羽考虑再三，提出了三个条件：第一是降汉不降曹；第二是要曹操好生赡养刘备的夫人；第三是一旦知道了刘备的下落，自己就会马上去投奔他。曹操爱才心切，答应了这三个要求，并且对关羽大加赏赐，赐给他衣帛美女和赤兔宝马，还任命他为偏将军。

关羽很感谢曹操对他的重用，因此很想立功报答他。当时正值曹操与袁绍交战，曹操的大将们一个个被袁绍的大将颜良、文丑打败，关羽挺身而出诛杀二人，曹军由此大获全胜，为此曹操又上表朝廷加封关羽为汉寿亭侯。

后来关羽得知了刘备正在袁绍军中的消息，便立刻向曹操告辞。然而曹操爱惜人才，舍不得让他离开，故意托病避而不见。关羽回到府里，将所收到的金银等赏赐都封存起来，又把汉寿亭侯的大印悬挂于大堂之上，便投奔刘备而去。

由于他没有拿到曹操的许可，一路上受到守城将领的阻拦追杀。关羽只能一路奋力拼杀、过关斩将，最后终于与刘备会合。

这一段故事在《三国演义》中被描述得荡气回肠，千里走单骑、过五关斩六将的这段经历也成为关羽人生的高光时刻，并被作为关羽忠义写春秋的绝佳例证。

【文化内涵】

无论是古代还是现在，印章在人们的生活中都是一种极为重要的凭信。它产生于三千多年前的商周时期，既有官印也有私印。秦始皇统一中国以后，规定只有皇帝的印才能用玉雕刻，称为"玺"。

古代最尊贵又最具传奇色彩的就是传国玉玺，它代表着国家的权威和政权的合法性，所以每逢乱世，我们就可以听到各路人马争夺传国玉玺的故事。

后来，玉玺被越做越大，数量也越来越多。到了清代，乾隆皇帝钦定了二十五方大印，最大的边长甚至将近20厘米。这些大印被用在不同的场合，比如皇帝登基、大赦天下、册封少数民族的首领、颁布法典、祭祀百神、率军出征、奖励忠良等，都有专门的印玺。

【代表文物】

独孤信印是一枚特殊的印章，它被刻成了标准的二十六面体，其中十四面上都刻着字，包括"刺史之印""大司马印""柱国之印""大都督印""臣信上疏""臣信启事"等。在我国考古史上，虽然也陆续出土过多面体印章，但多达二十六面的，目前仅此一枚。

独孤信印
北周
陕西历史博物馆

　　印章的主人是北周的重臣独孤信，他凭借过人的军事才华和治世韬略位极人臣，更因为三个女婿身份显赫而成为史上最著名的岳父——长女婿是北周明帝宇文毓，四女婿是唐高祖李渊的父亲，七女婿是隋文帝杨坚。

清太祖努尔哈赤谥（shì）宝
清
沈阳故宫博物院

宛朐（qú）侯埶金印
西汉
徐州博物馆

三顾茅庐

【成语释义】

　　原为汉末刘备访聘诸葛亮的故事，后比喻真心诚意，一再邀请。出自三国诸葛亮《出师表》。

【成语典故】

　　东汉末年，天下大乱。当时的汉室宗亲刘备和关羽、张飞结拜为兄弟，想要匡扶汉室，成就一番事业。无奈他虽有满腔抱负，但一直没有找到适合的辅佐人才，所以迟迟未能建立自己的基业，只能四处投靠当时实力强大的割据军阀。

　　官渡之战后，曹操基本平定了北方，刘备于是到荆州投奔刘表。此间他遇到了一个谋士徐庶，徐庶告诉他，想要安定天下必须得到当世奇才的帮助，这位奇才便是居住在隆中卧龙岗的孔明先生——诸葛亮。

于是刘备和关、张二人带着礼物去隆中拜访诸葛亮。

这是他们第一次前来，但不巧诸葛亮恰好出门远游，家里的童子也不知道他什么时候回来。刘备一行人只得回去。在回程的途中，他们遇到了诸葛亮的几位朋友，个个神姿俊朗、谈吐不凡，这下刘备更加渴望见到诸葛亮本人。

过了几天，刘、关、张三人又冒着大雪前来拜访。但这一次诸葛亮还是不在家，他们只见到了诸葛亮的弟弟。刘备便留下一封言辞恳切的信，表达了自己想要挽救国家危亡的志向以及对诸葛亮的倾慕，希望得到他的辅佐。

又过了一段日子，这一次刘备态度更加诚恳，特意斋戒了三天，又带着关、张二人前去隆中拜见。因为前两次都没有遇到诸葛亮，关羽怀疑诸葛亮徒有虚名，是故意避而不见，急性子的张飞更是说要用绳子把他捆来。刘备斥责了二人，仍旧诚心诚意地前去卧龙岗。

到诸葛亮所住的草庐时已经将近中午，这一次诸葛亮倒是在家，只是在午休睡觉。刘备不敢打搅，一直恭恭敬敬地等到诸葛亮醒来才通报姓名，和他交谈起来。

诸葛亮给刘备分析了当时天下的大势，指出了刘备的优势和劣势，又为刘备制定了"三分天下""联吴抗曹"等具体方略和实施步骤，这就是著名的《隆中对》。《隆中对》为刘备提出了清晰的战略思路，令他豁然开朗，于是刘备更加诚恳谦恭地恳请诸葛亮相助。

自从出山以后，诸葛亮为刘备屡出奇计，为蜀汉政权的建立立下了汗马功劳；后来他又六出祁山讨伐曹魏，为蜀汉赢得了难得的生存空间。诸葛亮的一生正如他自己在《出师表》中所说——"鞠躬尽瘁，死而后已"，他的忠诚和勤勉也感动了世世代代的读书人，人们不仅把他视为智慧谋略的化身，更把他尊为忠义贤臣的代表。

【文化内涵】

诸葛亮虽然不是文学家，但他的前后《出师表》和《诫子书》却流传至今。

《诫子书》是他临终前写给八岁儿子诸葛瞻的家书。"静以修身，俭以养德""非澹泊无以明志，非宁静无以致远"正是《诫子书》中的名句。透过这些词句，我们看到的是一位慈父对孩子的谆谆教诲和殷殷期望，读来令人动容。

诸葛亮在世时被封为武乡侯，唐代大诗人杜甫在成都居住期间拜访了供奉诸葛亮的武侯祠，留下了名诗《蜀相》，表达了对诸葛亮的无比景仰："丞相祠堂何处寻？锦官城外柏森森。映阶碧草自春色，隔叶黄鹂空好音。三顾频烦天下计，两朝开济老臣心。出师未捷身先死，长使英雄泪满襟。"

人们对诸葛亮的尊崇和纪念是全方位的，民间一直流传着孔明灯、孔明碗、孔明锁等物件，把它们的发明权都归到了诸葛亮身上。

【代表文物】

诸葛碗又称孔明碗，可想而知它一定"暗藏玄机"。这种碗其实由一个深腹碗和一个深腹碟叠在一起组成，从侧面看它很深、容量很大，从上面看才能发现它能装东西的空间很小，很具有迷惑性。

青花花卉纹诸葛碗
明
天津博物馆

《武侯高卧图》是明宣宗朱瞻基所绘的作品，画中的武侯袒胸露腹，一副名士洒脱不羁的派头，应该是他出山辅佐刘备前在隆中隐居时的样子。不过，画面上的诸葛亮看上去是一个中年隐士，其实，刘备三顾茅庐时，诸葛亮才不过二十七岁，而且史书上描绘他

"身长八尺，容貌甚伟"，看来明宣宗不仅把他画老了，
也把他画丑了啊！

朱瞻基《武侯高卧图》
明
故宫博物院

万事俱备，只欠东风

【成语释义】

意为周瑜定计火烧曹营，一切都准备好了，只差东风没有刮起来，不能放火。比喻什么都已准备好了，只差最后一个重要条件了。出自明代罗贯中《三国演义》。

【成语典故】

东汉末年，群雄蜂起，在不断的征战和兼并过程中，曹操的力量越来越强大。在官渡之战中，曹操又一举击溃了北方实力最为雄厚的袁绍，基本上消灭了北方的各路诸侯。此时，曹操的信心达到了顶峰，因此决意南下，统一天下。

公元208年，曹操亲率大军南下直取荆州。恰好此时割据荆州的刘表病死，他的儿子投降了曹操。曹操收编了荆州水军以后，有意趁势顺流而下直取江东的孙权。

当时曹操号称有八十万大军驻扎在江北的赤壁，即刻就要发动猛攻，江东情势危急。原本投靠刘表的刘备也被追击得走投无路，危在旦夕。

此时江东孙权集团内部有各种声音，有人决意抵抗，有人建议投降，最后周瑜、鲁肃和刘备派出的诸葛亮力排众议，给孙权分析了双方的优劣，终于说服孙权下定决心联刘抗曹。

经过一系列的反间计、苦肉计，曹操不仅上了当，而且把战船用铁链锁在一起，孙刘联军正好可以采用火攻。但是，当时正值冬天，只刮西北风，如果此时用火攻，大火从北向南烧，根本烧不到北方的曹操战船，反而会烧到江南的孙刘部队，周瑜为此急得病倒了。

众人不解其中的缘故，都十分着急。这时诸葛亮从刘备军营中前来探病，对周瑜说自己有治病的良方，于是写下十六个字："欲破曹公，宜用火攻；万事俱备，只欠东风。"周瑜一看自己的心病被说穿，马上向诸葛亮请教怎样才能解决这个难题。

诸葛亮让周瑜在南屏山筑台，说到时候他会作法借来东南风。到了开战当天，诸葛亮登坛，果然东南风大作，孙刘联军大败曹军，赢得了赤壁之战的巨大胜利，就此奠定了魏、蜀、吴三国鼎立的基础。

【文化内涵】

赤壁之战是《三国演义》中一场花费笔墨极多的大战，作者将它描写得生动曲折、荡气回肠。其中许多片段成为历代读者耳熟能详的故事，不断被戏剧、曲艺乃至影视作品改编和演绎，比如诸葛亮舌战群儒、群英会蒋干盗书、庞统献连环计、诸葛亮草船借箭、华容道关羽义释曹操等，像人们常说的歇后语"周瑜打黄盖——一个愿打，一个愿挨"，也是产生于此间。

历史上，赤壁之战中，孙刘联军实际的统帅和故事的主角是周瑜，但《三国演义》站在拥戴刘备的立场上，极力突出刘备集团的正面形象，便夸大了诸葛亮的作用，还为他虚构了草船借箭、借东风这样神乎其神的情节，为了让诸葛亮的形象更加光辉，甚至把周瑜写成了心胸狭窄、计不如人的形象，为的是形成"既生瑜，何生亮"的强烈对比。

鲁迅先生在读《三国演义》时就批评小说"状诸葛多智而近妖"，意思是为了表现诸葛亮的智谋超乎常人，甚至把他写得有点近似妖怪了。

【代表文物】

这只碗一面是草船借箭的图画，另一面则是诸葛亮穿着道袍举着剑在坛上作法借东风的场景。

赤壁之战后，刘备向孙权"借"到了荆州，孙权想讨要荆州并扣押刘

景德镇窑青花草船借箭图碗
上海博物馆

备，便采取周瑜的提议，让刘备过江和自己的妹妹孙尚香结亲。

诸葛亮识破这一阴谋，于是派赵云护卫刘备到镇江的甘露寺招亲。刘备赢得了孙权母亲吴国太的青睐，顺利迎娶了孙尚香，后来又在孙尚香的协助下全身而退。周瑜因此受到蜀军的嘲笑，留下了一个"周郎计策安天下，赔了夫人又折兵"的典故。

景德镇窑五彩刘备招亲图瓶
清
上海博物馆

周 郎 顾 曲

原指周瑜精通音乐，后泛指精通音乐戏曲的人。出自西晋陈寿《三国志·吴书·周瑜传》。

根据史书记载，周瑜年少的时候就精通音律，即便是喝了酒微微有些醉的时候，宴席上的弹奏者只要稍微有一点点差错，他立刻就能察觉，并且会回头看那个出错的演奏者，时人称为"曲有误，周郎顾"。

周瑜不仅相貌英俊、风度翩翩，而且文韬武略、少年意气，是当时江东的"超级偶像"，特别受到年轻女子的仰慕，所以大家称其为"周郎"，在当时只有年轻英俊的美男子才被称为"郎"。据说，当年的那些女性演奏者大多是周瑜的"粉丝"，她们为了能让周瑜对自己看上一眼，常常故意出一点小差错，所以唐代诗人便说："欲得周郎顾，时时误拂弦。"

【文化内涵】

在《三国演义》中，为了突出诸葛亮这个绝对的主角，作者便对周瑜的形象有所歪曲，让他变成了一个"小心眼儿"。

其实，正史上记载的周瑜不仅容貌风度非同一般，而且智慧和胆略都超凡绝俗，三十三岁时作为三军统帅大破曹军的赤壁之战更是他一生中最辉煌的亮点。但可惜周瑜在三十五岁便猝然离世，江东从此霸气锐减，原本那种激扬雄强、图谋霸业的进取心，也慢慢变成了偏安一隅的不思进取。

据史书记载，周瑜还具有过人的雅量。当时部将程普与他不和，但他对程普宽宏大量，从不以势压人，最终让程普折服，并赞叹说，与周瑜交往像是在饮醇

厚的美酒，不知不觉就沉醉其中，这便是"如饮醇醪
（láo），不觉自醉"这个成语的出处。

后来无数诗人都去赤壁怀古，留下许多赞美周
瑜的诗词。杜牧有"东风不与周郎便，铜雀春深锁二
乔"，苏轼更有《念奴娇·赤壁怀古》，其中周瑜的形
象更是风神俊朗："遥想公瑾当年，小乔初嫁了，雄姿
英发。羽扇纶巾，谈笑间，樯橹灰飞烟灭。"

【代表文物】

宋代大文学家苏轼被贬到黄州以后，得知这里曾
是当年的赤壁古战场，便时常去赤壁怀古，不仅留下
了《念奴娇》这首词，还写下了流传千古的《前赤壁
赋》和《后赤壁
赋》。这只核舟
表现的就是苏轼
与好友夜游赤壁
的情景。不过，
后来人们考证发
现苏轼所游的

核舟
清
台北故宫博物院

黄州赤壁并非三国赤壁之战的发生地，但由于苏轼的诗文太著名，黄州赤壁也因此名扬千古，人们于是称黄州为"文赤壁"或者"东坡赤壁"。真正的赤壁战场在其西南大约二百公里的蒲圻（现在已改名为赤壁），被称为"武赤壁"。

古人称"琴棋书画"为君子的雅事，其中琴排在第一位，它被认为是修身的载体，也被认为是通灵的神器，关联着君子的气度和品格。所以在古代，它常常由男子弹奏，我们在三国题材的影视剧中，也总可以看到周瑜弹奏古琴的画面。

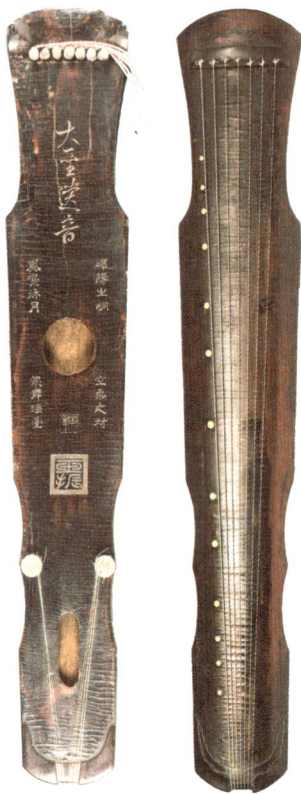

"大圣遗音"古琴
唐
故宫博物院

才高八斗

【成语释义】

形容人极有才华。出自《南史·谢灵运传》。

【成语典故】

才高八斗是南朝著名诗人谢灵运用来赞美三国时期的诗人曹植的，他的原话是："天下才共一石，曹子建独得八斗，我得一斗，自古及今共分一斗。"

从谢灵运的这句话除了可以看出他对曹植拜服得五体投地以外，也可以看出他对自己才华的得意。

谢灵运倒是有资格如此自得。

谢灵运出身东晋的名门望族谢家，是当年淝水之战名臣谢玄的孙子。他不仅是才华卓越的诗人，更

是把中国的山水诗推向成熟的关键人物，我们熟悉的
"池塘生春草，园柳变鸣禽"便是他的名句。后来的王
维、孟浩然都深受谢灵运的影响，李白更是对他推崇
备至。

谢灵运极富才华，颇具名士风度，所以为人自然
清高，很难有人能入他的法眼。曹植能得到他如此的
激赏，可见其才华是何等独卓出众了。

【文化内涵】

曹植是曹操的第三子，他自幼聪慧过人、才思敏
捷，每每与父亲曹操问对，总是出口成章，深得父亲
的喜爱和信任；加上他不拘小节、性情洒脱，也颇得
曹操的欣赏，所以曹操对他寄予厚望，尤其是在太子
的人选上，他成为曹操考虑的对象。不过，由于曹植
的文人气太重，又过于放达不羁，数次触犯了曹操的
禁令，后来也就失去了竞争力。

曹操去世后，曹丕继承了王位。他称帝后，更是
对弟弟曹植严加防范，数次迁移曹植的封地，曹植后
来便郁郁而终。

　　曹丕意欲除去弟弟曹植，于是借口曹植未能及时吊唁父亲，给他定上不孝之罪，还令他在七步之内作诗一首，如果作不出来便要杀头，结果曹植的诗脱口而成，这便是历史上著名的《七步诗》："煮豆持作羹，漉菽以为汁。萁在釜下燃，豆在釜中泣。本自同根生，相煎何太急？"曹丕见诗羞愧万分。

　　曹操、曹丕和曹植被合称为"三曹"，他们是魏晋时期建安文学的代表人物。曹植的作品被评价为既有雄壮的气度，又有华美的文辞，情感深沉悠远，还有人将他与李白、苏轼并称为"仙才"。

　　曹植的代表作有《洛神赋》《七哀诗》《白马篇》《赠白马王彪》等。

【代表文物】

　　《洛神赋图》是东晋画家顾恺之根据曹植的名篇《洛神赋》创作的绘画长卷。

　　公元222年，曹植朝觐当时的皇帝曹丕后准备回到自己的封地，途中经过洛水偶遇洛神，曹植形容她"翩若惊鸿，婉若游龙。荣曜秋菊，华茂春松。髣髴兮若轻云之蔽月，飘飖兮若流风之回雪。远而望之，皎若太阳升朝霞；迫而察之，灼若芙蕖出渌波……"这一段惊艳的文字也成为文学史上描绘女子的绝唱。

顾恺之《洛神赋图》（局部）
宋代摹本
故宫博物院

　　曹植与洛神彼此爱恋，但人神殊途，最终洛神不舍离去，曹植在洛水边流连多日，却终不复见洛神的身影。

　　顾恺之的绘画极为传神地展现了洛神的姿容风神和两情缱绻却又爱而不得的凄婉，一唱三叹，令人观之神伤。

鹤立鸡群

【 成语释义 】

　　指像鹤站在鸡群中一样，比喻一个人的仪表或才能在周围一群人里显得非常突出。出自南朝刘义庆《世说新语·容止》。

【 成语典故 】

　　西晋惠帝时，朝廷里有一位高官名叫嵇绍，他是魏晋之际"竹林七贤"之一嵇康的儿子。嵇绍相貌英俊、器宇轩昂、才华出众，在同伴中一直表现得非常卓越。嵇绍来到洛阳，每当他在大街上走，都会有许多人被他的仪表和气质吸引，情不自禁地跟着他走。于是有人赞美他，就像是一只俊逸的野鹤站在一大群鸡中间。

　　西晋时期，皇族之间为了争权夺利经常互相攻击，甚至连拉拢重臣谋杀皇帝的事件也时有发生，局面十分混乱。但身为侍中（地位近似于宰相）的嵇绍对皇帝始终非常忠诚，皇帝对他也十分信任。

　　后来，西晋皇族内部发生了争夺皇位的"八王之乱"，许多诸侯王都进兵当时的京都洛阳，嵇绍便跟随晋惠帝出兵迎战。但晋惠帝一方的兵力太弱，不幸战败。当时，惠帝的将领和侍卫中有许多人看到兵败便四散逃跑了，只有嵇绍始终护卫着惠帝，不离左右。在护卫的过程，嵇绍被乱箭射中，鲜血直流，滴在了惠帝的皇袍上。后来嵇绍重伤而亡，惠帝深深感念他的忠勇，在战斗结束后还一直保留着被嵇绍的血染过的袍服，不让人洗去，以此作为纪念。

【文化内涵】

　　魏晋时期，个人的容貌和举止受到了人们空前的重视，所以专门记载东汉后期到魏晋间名士言行与逸事的《世说新语》一书中，就专门设置了"容止"一

章。其中记载过何晏、夏侯玄、裴楷、潘岳、刘伶、
卫玠、嵇绍等魏晋名士的姿态与风神，反映出魏晋时
期士人的精神状态。

　　实际上，嵇绍的父亲嵇康的容貌举止更加受人称
道。嵇康身高七尺八寸，风度姿态卓绝出众，见到过
他的人都赞叹他的举止潇洒舒泰，气质爽朗清逸。还
有人说他就像是松林间沙沙作响的风声，高远、舒缓
又悠长。嵇康的好朋友山涛则评价他说："嵇康的为人
就像挺拔的孤松那样傲然独立，他醉酒的样子则像是

赵佶《瑞鹤图》
宋
辽宁省博物馆

玉山将要崩倒。"

所以，当时有人赞美嵇绍"鹤立鸡群"时，与嵇康交往极深的王戎则说："你这样极尽赞美嵇绍，那只是因为你没见过他的父亲罢了！"言下之意是父亲比儿子更加风华绝代啊！

【代表文物】

鹤在中国文化中是吉祥、长寿、高雅的象征，它也被认为具有品行高贵、洁身自好的君子之风，所以

深受人们喜爱。

据传，北宋末年的一天，京都汴梁忽然飞来一群仙鹤。它们在宫殿上空引吭高歌，盘旋许久后才向西北方向飞走，令当时的汴梁百姓啧啧称奇。宋徽宗本人把这看成国运昌盛的好兆头，于是欣然命笔，把这一奇景画成了《瑞鹤图》。

图中二十只仙鹤在碧蓝的天空中翱翔，各具神采，姿态万千。画面下半部分是宫城的门楼屋顶，其间还有祥云环绕穿行，整个画面富丽华贵又仙气飘飘。

画面的左侧是宋徽宗赵佶亲笔题写的一段跋文，跋文中详细记载了这一奇景，更表达了他的欣喜。

但是，宋徽宗本人并不是个好皇帝，国家在他的治理之下日益衰败。在这幅画完成后的十几年，金兵就攻入汴梁城，北宋就此灭亡，他本人也成了金兵的俘虏，惨死在寒冷的北方异乡。

乐 不 思 蜀

【 成语释义 】

原指快乐得不思念蜀国，比喻乐而忘返或乐而
忘本。出自三国时蜀汉及西晋时陈寿《三国志·蜀
书·后主传》。

【 成语典故 】

三国时期，刘备以四川为根据地建立基业，史称
蜀汉。但与魏国和吴国相比，蜀汉的面积最小、实力
最弱。建国之初，刘备带领诸葛亮等一帮大臣励精图
治，力求不断壮大，谋取中原。刘备死后，他的儿子
刘禅继位。一开始，刘禅在诸葛亮的辅佐和劝谏之下
还比较贤明，但在诸葛亮等老臣相继离世后，他开始

贪图享乐，还听信宦官的谗言，十分昏庸，蜀国的国力也日益衰微。后来魏国大军攻入成都，蜀国危在旦夕，但后主刘禅并不准备抵抗，反而赤裸着上身，把自己绑起来出城投降。

投降后的刘禅被魏国封为"安乐公"，这是一个只能享受俸禄却没有一点实权的封号。为了断绝刘禅与蜀国的联系，魏国还把他迁到洛阳居住。

刘禅在洛阳整天喝酒作乐，有一天，魏国的权臣司马昭问刘禅："你在这里思念蜀国吗？"刘禅回答："我在这里快乐极了，一点也不思念蜀国。"

后来，蜀汉的旧臣郤（xì）正知道了这事，他在拜见刘禅时说："如果司马昭再问起您思不思念蜀国，您应该流着眼泪对他说：'我的先人们坟墓都还在蜀地，我每每向西边看的时候心中就很悲伤，我的心里没有一天不思念蜀国啊！'"

过了几天，司马昭果然再次问起他，刘禅就照郤正教他的话回答，但他却流不出眼泪，只好闭上了眼睛。司马昭说："你的这些话倒像是从郤正嘴里说出来的呢！"刘禅一听，吃惊地睁开眼睛说："您是怎么知道的啊？"左右的人都笑坏了，司马昭从此也再没有问过这样的话，他对刘禅也放下了戒心。

【文化内涵】

民间关于刘禅的俗语很多。刘禅小名叫阿斗，在他还是婴儿的时候，有一次刘备被曹操追击，在长坂坡与自己的夫人和阿斗失散，后来刘备的大将赵云孤身一人在曹军的包围之下浴血奋战把阿斗救了出来，送到刘备跟前。这时，赵云的战袍已被鲜血染透，赵云本人也几乎命丧沙场。刘备看到襁褓中的阿斗却睡得香甜，便将他一把摔到了地上，说："为了你这小子，几乎折损我一员大将。"赵云见状拜伏在地，感动得泣不成声，从此对刘备更加忠心。于是，人们编出一条歇后语：刘备摔孩子——收买人心。

阿斗长大后胸无大志，断送了刘备辛苦几十年打下的江山，所以人们又编了一条歇后语：阿斗的江山——白送。还对他的一生进行了总结，那就是：扶不起的阿斗。

【代表文物】

四川的成都平原自然条件优越，物产丰富，自古以来就被称为天府之国，所以很多政权都以这里为根据地，比如汉高祖刘邦还没有夺取天下，只被封为汉王时，四川就是他的根据地；到了五代，这里又建立了后蜀政权。

收获渔猎画像砖
东汉
中国国家博物馆

舂米画像砖
东汉
中国国家博物馆

市楼画像砖
东汉
中国国家博物馆

酿酒画像砖
东汉
中国国家博物馆

观伎画像砖
东汉
中国国家博物馆

制盐画像砖
东汉
中国国家博物馆

　　我们从这里出土的画像砖上，便可以一窥蜀地的
生活风貌。制盐画像砖展现了蜀人打井、煮卤、制盐
的过程，盐为巴蜀带来了丰厚的财富。此外还有表现
农业、渔猎、商贸以及表现蜀人饮食、娱乐场景的画
像砖，更让人感受到蜀地的繁荣、富庶。

断 蛟 刺 虎

【 成语释义 】

原本指斩断蛟龙、刺杀猛虎，形容武艺高强，行为侠义。出自南朝刘义庆《世说新语·自新》。

【 成语典故 】

西晋时，江苏宜兴有一个年轻人名叫周处，由于儿时父亲去世，缺乏管教，所以少年时性情非常暴躁，好勇斗狠，动不动就和人争斗，为霸一方。乡亲们都非常厌恶周处，把他和常常祸害百姓的山间猛虎、水里蛟龙合称为"三害"，周处甚至比另外两害更让人害怕和讨厌。

深受其害的乡亲们最后想到一个办法，他们想骗周处去与猛虎和蛟龙厮杀一番，希望三害互相拼杀后只剩下一害。

有一天，周处路过一群愁眉苦脸的老人，看他们在一起议论纷纷，于是走过去问："现在天下太平，你们为什么这么不高兴呢？"其中一个老人告诉他说："现在有三害为祸乡里，我们哪里高兴得起来啊！"周处便问："什么三害？"老人告诉他，第一害是南山上的猛虎；第二害是长桥下的蛟龙；说到了第三害，老人就不再往下说了。周处急得非让老人告诉他，老人只好告诉他第三害是欺压乡邻的恶人。周处怎么都想不到这第三害是他自己。他看到大家都望着他，便信心满满地夸口道："这三害算得了什么，看我去除掉它们。"大家高兴地说："太好了，你要是能除掉这三害，我们就太感谢你啦！"

周处于是带着武器来到南山，与猛虎进行了一番恶斗后刺死了猛虎，又来到了长桥准备斩杀蛟龙。不料这条蛟龙异常凶狠，周处在水中与蛟龙纠缠搏斗了很久。蛟龙在水里起起伏伏，周处也跟着它在水里翻腾；蛟龙在水里游走了几十里，周处也紧紧追踪了几十里，三天三夜都没有上岸。

乡亲们看到周处去了这么久还不回来，都以为他和蛟龙同归于尽了，于是纷纷出来庆贺三害终于被除掉了。

不料周处最终竟然奋力斩杀了蛟龙，平安回到了乡里。他看到乡亲们都在庆贺，这才知道自己原来和猛虎、蛟龙一样，也被大家当成了大祸害。周处极为羞愧，也心生悔意。

想要洗新革面的周处于是寻访名师，请求高人指点。他来到吴郡（现在苏州一带）拜访当时大名鼎鼎的陆机、陆云两兄弟。陆机不在家，周处遇到了陆云，便把自己的情况和一系列遭遇统统告诉了陆云。他非常恳切地认识到自己的错误，也表达了强烈的悔改之意，但他担心自己已经荒废了这么久的岁月，怕自己就算想走正路也不会有什么成就。陆云便告诉他说："古人最看重道义，如果早上听闻了圣贤之道，即使晚上就死去也心甘情愿，何况你的前途还大有希望。人最怕的是没有立下远大的志向，哪里用得着担心好名声不被传扬呢？"

周处于是下定决心改过自新。

后来，周处不仅受到乡亲们的赞美，还被举荐做了官。他为官刚正清廉，担任西晋的御史中丞时经常弹劾权贵，因此得罪了朝廷中的很多人。

当时，西边的氐族首领齐万年反叛，朝廷中的奸佞（nìng）之人都希望借机除掉周处这个麻烦，所以故意推荐他西征讨逆。当时的伏波将军知道他这一去定然凶多吉少，于是劝他借口家有老母，推辞不去。但周处说："忠孝之道怎么能够两全呢？我既然已经告别了亲人成为臣子，现在就是我为国献身的时候了。"周处深知自己会遭到陷害，但他认为自己必须为国尽忠，所以还是义无反顾地上了路，决意以死报国。

果然，在前线作战的他箭矢耗尽，却久久等不到援军，只能带领五千人与对手的七万人力战到底。他的部将劝周处撤退，周处岿然不动，最后英勇又悲愤地战死沙场。

周处死后朝廷追封他为平西将军，以表彰他的忠勇。

周处不仅武功过人，还相当有文才，他著有《默语》和《风土记》，还曾经收集编写过吴国历史。

陆云确实没有说错，周处的美名何止是传播到了四方，后来人们还把周处除三害的传奇故事改编成戏剧广为流传，直到今天仍然激动人心。周处的故事中最动人的地方在于，他的对手既非猛虎又非蛟龙，而是他自己，当他与自己的错误决战，便意味着他已经脱胎换骨、涅槃重生。人最难战胜的敌人永远都是自己，但周处的这一战，却赢得如此壮烈、如此辉煌！

【文化内涵】

在古代，人们认为山林之王是虎，与之相对的水泽之王便是蛟。蛟被认为是龙的一种，却不如龙有神通，所以它无法潜回大海，也无法飞上天空，只能栖身在江河湖泊之中。每当蛟现身，便会引发洪水泛滥，所以对古人来说，这便是可怕的灾害，因此也就成了"三害"中的一害。

蛟同时也带有与龙类似的吉祥含义，传说中蛟龙遇到水便能腾空飞升，所以人们用"蛟龙得水"比喻有才能的人获得机会一展身手。

【代表文物】

花钱起源于汉代，它不是真的用来流通的货币，而是民间用来玩的钱。花钱的种类非常丰富，可以用作

周处斩蛟花钱
五代

配饰、纪念、占卜、祈福、玩赏、游戏、辟邪等。

花钱上会铸上各种文字和图案，比如长命富贵、加官进禄、天下太平等吉祥话，也有类似周处斩蛟的人物故事。还有用来辟邪的花钱上则会铸上符文、桃木剑、灵兽、仙人、八卦等。

这枚周处斩蛟花钱上的图案虽然很简略，但周处举剑的形象很容易辨认，身形蜿蜒的蛟龙也显得极为灵动。

在这幅《起蛟图》中，画家用泼墨画法表现出风起云涌、雷电交加的天气，蛟龙则在浓云中若隐若现，与下方回首一瞥的老者形成呼应，戏剧性十足。

汪肇《起蛟图》
明
故宫博物院

闻鸡起舞

【 成语释义 】

指听到鸡叫就起来练剑习武，形容有志之士及时奋发努力。出自唐代房玄龄等《晋书·祖逖传》。

【 成语典故 】

西晋时期，范阳（大约在今天保定以北，北京以南）有一个名叫祖逖的人，他性格豁达、节操高尚，而且轻财重义，常常把自己家的粮食和衣物分发给贫苦的农民。同时他还博览群书、深有才干，多次被官府和皇帝征召为官，但他并没有去。后来，西晋皇族内部为了争夺权力自相残杀，导致京城大乱。祖逖带着乡亲和族人避难，一路把自己的车给老弱病人使用，还把自己的粮食、药品等都与他们分享，因此赢得了乡亲们的普遍尊敬和爱戴。

祖逖年轻时曾与刘琨同住一个房间。一次他们在半夜里听到鸡叫，祖逖就叫醒刘琨说："这鸡叫并不是令人厌恶的声音，而是要催我们起来发奋啊！"于是每夜听到鸡叫，二人便起床舞剑。

皇族的权力斗争使得国家政权混乱，元气大伤。北方少数民族本来就对中原虎视眈眈，于是趁乱攻入长安，西晋灭亡。后来皇族司马家族又在建康（现在的南京）建立了新政权，这便是东晋。面对山河破碎、家国沦亡的局面，祖逖一直怀着洗雪国耻的心愿不断强壮自己。

此时，祖逖在镇江一带笼络了不少骁勇之士，他一面加紧练兵，一面说动当时的皇帝司马睿，希望司马睿能准许他招募各地的有志之士，组成一支强有力的军队出师北伐，赶走那些盘踞在中原的少数民族势力，光复中原。

但当时东晋的上层贵族只知享乐，根本没有北伐的志向，也没有做北伐的准备。皇帝看祖逖北伐心切，于是任命祖逖为奋威将军、豫州刺史，仅拨给他千人口粮和三千匹布，却没有调拨一兵一卒，连兵器都没有提供，祖逖只能自己想办法征兵、募粮、打造兵器。

军队就这样向北渡过长江。船行到江中时，祖逖迎风破浪站在船头敲打着船桨说："我此去抱着不成功便成仁的决心。如果不能光复中原，我会像这大江一样有去无回！"祖逖的豪情和斗志打动了中原百姓，人们纷纷应召入伍，随他北伐。

祖逖北伐面临的不仅有外来少数民族的强大军队，还有盘踞在中原一带的汉族军阀与豪强。他带领军队英勇奋战，收复了黄河以南的大片土地，战功赫赫，使得当时北方最强悍的后赵皇帝石勒不敢南下。

但这并没能激发东晋统治者的雄心，祖逖反倒因为个人威望过高，引起了皇帝司马睿的猜疑。正在祖逖还想继续渡过黄河向北挺进时，皇帝派来了新的都督接替了他的军队。此时的东晋宫廷内部暗流涌动，权力争斗从没有停止，根本没有人把心思放在北伐上，祖逖忧愤而死。

祖逖死后，他取得的北伐战果前功尽弃，那些被收复的失地很快便相继失去。

【 文 化 内 涵 】

闻鸡起舞故事中的另一位人物刘琨，也是东晋著名的爱国将领。

刘琨在文学上也很有成就，年轻时就因为工于诗赋而享有盛名，"何意百炼刚，化为绕指柔"就是刘琨《重赠卢谌》一诗中的名句。

西晋时，刘琨被派往晋阳，经过战乱血洗的晋阳早已是一座空城，刘琨却在强敌环伺之下很快恢复了晋阳的生产生活，还加强了晋阳武备。在政权南渡之后，晋阳也成为晋朝留存在北方抵抗强敌的星星火种。

后来，刘琨又想方设法联合北方其他民族的力量对付后赵的石勒，但很不幸，事业未成的他却被迫害致死。

北宋灭亡后，政权南渡，女词人李清照面对南宋政权不思进取的局面，便写过饱含讽刺的词句："南渡衣冠少王导，北来消息欠刘琨。"

【代表文物】

祖逖在江中击着船桨表达自己的雄心壮志，也留下了一个成语——中流击楫，楫就是船桨的意思。

我们古人对鸡的评价很高，称鸡有"五德"：它头上有冠，是文德；足后有钩子能斗，是武德；敌前敢拼，是勇德；有食物时会招呼同类，是仁德；守夜不失时、天明报晓，是信德。由于鸡还会吃掉各种毒虫，所以民间也把它视为辟邪除秽的吉祥物。

赵佶《芙蓉锦鸡图》
宋
故宫博物院

一觞一咏

【 成语释义 】

原指喝一杯酒，咏一首诗，代指文人喝酒吟诗的
聚会。出自东晋王羲之《兰亭序》。

【 成语典故 】

古人在三月三上巳节这一天会在水边聚会嬉游，
以祈福、除灾，称为修禊（xì）。

公元 353 年的上巳节这天，王羲之带着自己的几
个儿子，又邀请当时的大名士谢安以及著名文人孙
绰、许询等人，在会稽兰亭（现在浙江绍兴境内）来
了一次春游聚会。他们坐在弯曲的渠流两侧，把装满
酒的耳杯放在渠内，让酒杯顺流而下。酒杯停在哪一

处，坐在那里的人便要举杯将酒一饮而尽，还要立刻赋诗一首。这便是流行于古代文人之间的雅事——曲水流觞。

当时在座的一共四十一个人，创作了三十七首诗，作为东道主的王羲之便把这些诗收集成册，并为其作序，这就是著名的《兰亭序》。

那一天，天朗气清、惠风和畅，王羲之与友人喝酒吟诗，心情极为愉悦，于是研墨备纸，一挥而就。这篇序辞采飞扬，产生了许多成语，如崇山峻岭、放浪形骸、惠风和畅、游目骋怀、茂林修竹、天朗气清等，书法更是俊逸潇洒，被世人尊为"天下第一行书"。

由于王羲之书写的时候浑然忘我，甚至来不及细想，所以上面便留下了添字、涂抹的修改痕迹。据说后来王羲之又想把它重新抄录，但写了无数次，却无论如何再也写不出当时的效果了。

【文化内涵】

王羲之本人也特别珍爱这件《兰亭序》的书法作品，所以一直悉心保护、代代相传。

　　到了几百年后的唐代，作品传到了他的第七代孙智永和尚手里。唐太宗李世民用尽心思，派大臣萧翼把这件书法作品骗到手，又召集当时最著名的书法家共同欣赏、临摹，所以世上便留下了各种初唐名家的摹本。他又召集专门从事拓书的匠人复制了数个摹本，现在我们看到的被认为最接近王羲之原作的"神龙本"，就是当时的高手冯承素所作的摹本。

　　可惜的是由于唐太宗太喜欢《兰亭序》，所以他把王羲之的原作当作陪葬品一起带进了他下葬的昭陵，后世人们就只能在摹本上感受天下第一行书的神妙气韵了。

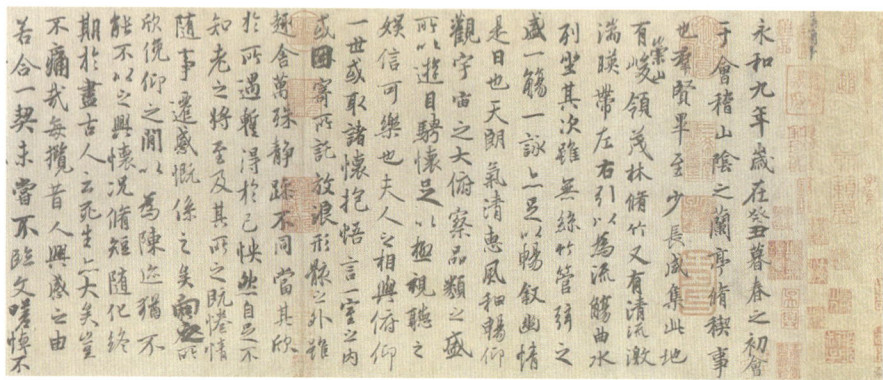

冯承素临摹王羲之《兰亭序》（局部）
唐
故宫博物院

【代表文物】

这种耳杯旁边的两个小"耳朵"像是鸟的翅膀，所以人们又称之为"羽觞"，是古代一种盛酒的器具。这件羽觞用蚌壳制成，蚌壳的珍珠层带有特殊的霞光，两个耳朵和口沿又用黄

金扣蚌壳羽觞
魏晋
青海省博物馆

金包边，不仅制作工艺繁难，更增添了华美贵气。

文徵明《兰亭修禊图》
明
故宫博物院

咏絮之才

【 成语释义 】

　　形容女子在诗文创作方面特别有才华。出自南朝刘义庆《世说新语·言语》。

【 成语典故 】

　　东晋时，谢家是最显赫的世家大族之一，族中子弟个个才华出众。有一个雪天，当时身为太傅的谢安便把家族的孩子们招到屋里来，给他们讲论诗文词赋。过了一会儿，雪下得非常大，谢安便和颜悦色地对孩子们说："你们看，这纷纷扬扬的大雪像什么呢？"

　　谢安的侄子谢朗脱口而出："这雪下得像是空中在撒盐。"侄女谢道韫则说："不如把这雪比作被风吹起

的柳絮更贴切。"谢安听了大笑起来，心中非常高兴
晚辈们能有这样的才华。

谢道韫的这句话确实显出她非凡的观察力和想象
力，于是被人津津乐道。她是东晋著名的才女，当时，
王、谢两大家族有联姻的传统，谢道韫就嫁给了大书
法家王羲之的二儿子王凝之。

婚后不久，谢道韫回到娘家时很不开心，谢安感
到很纳闷。谢道韫告诉他，自己娘家的长辈中有谢安、
谢据这样可以安邦定国、具有雄才大略的人，兄弟中
也有谢朗、谢玄这样俊逸潇洒的人才，却怎么也没想
到天地之间竟然有王凝之这样的蠢才。

其实，王凝之并非庸才，他也是东晋著名的书法
家，只不过比起他的弟弟王徽之、王献之和当时的名
士，他就逊色了不少，再加上谢道韫实在太出类拔萃，
王凝之相比之下就黯然失色了。

后来，孙恩起兵反叛东晋攻打会稽，王凝之作为会
稽内史毫无应敌之策。谢道韫劝谏他设防，王凝之却并
不理会。谢道韫不得已只能亲自招募家丁加以训练，以
防不测。后来孙恩大军破城，王凝之及其子女全部被

杀，谢道韫被俘，后来得到孙恩赦免，终老于会稽。

【 文 化 内 涵 】

像谢道韫这样见于史书的才女还有不少，其中以诗文著称的有西汉的卓文君、东汉末年的蔡文姬、唐代的鱼玄机、宋代的李清照等。

卓文君在她的代表作《白头吟》中，留下脍炙人口的名句"愿得一心人，白头不相离"，她与司马相如的爱情故事更是历代被传颂的佳话。

蔡文姬是东汉大学者蔡邕（yōng）之女。汉末天下大乱，她被匈奴左贤王所掳，生育了两个孩子，后来被曹操迎回中原。回归途中，她借用胡地的胡笳音调创作琴曲《胡笳十八拍》，诉尽心中的悲痛与苦楚。

鱼玄机是唐代的传奇女性，一生经历极为复杂，却又极具才情。名句"易求无价宝，难得有情郎"出自鱼玄机的代表作《赠邻女》。

李清照是著名词人，她的《一剪梅》《声声慢》《醉花阴》《如梦令》等，更是千古名篇。她一生坚守气节，对南宋政权偏安江南、不思进取，深感不满，于是用"生当作人杰，死亦为鬼雄。至今思项羽，不肯过江东"表达自己的感怀与悲愤。

历史上擅画的女性也不少，宋代的杨妹子、元代的管道升、明代的文俶（chù）等，都颇有画名。

【代表文物】

《谢家咏絮图》中为了突出谢道韫，只好"委屈"那位说下雪像是撒盐的谢朗，让他只能以后背示人了。

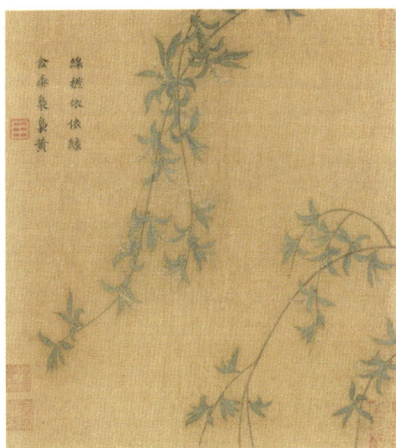

杨妹子《垂柳飞絮图》
宋
故宫博物院

钱慧安《谢家咏絮图》
清
山东博物馆

管中窥豹

【 成语释义 】

原指从管子里看豹子，比喻只看到事物的一小部分，也比喻可以从观察到的部分推测出全貌。出自南朝刘义庆《世说新语·方正》。

【 成语典故 】

东晋有一位伟大的书法家被尊为"书圣"，他就是王羲之。王羲之有七个儿子，最小的儿子王献之小时候就因为聪明而远近闻名。王献之只有几岁的时候，有一天，他看到家里几个仆役在玩一种名叫樗蒲（chū pú）的棋类游戏，看着看着就随口说道："这局游戏的局势快要不行了。"玩游戏的人就讥笑他没什么见识，说："这是小孩子在管子里看豹子，只看到了豹子的一个斑点。"王献之听了又气又恼，说道："我一想到古时的荀奉倩和近时的刘真长，真是感到惭愧啊。"

荀奉倩是三国时期曹魏的名士，刘真长则是东晋时期的官员，他们都是为人清高、不与俗人交往的名士。王献之这样说，意思是自己很懊恼，不该接近这些地位卑贱的仆役，不该插话，最后还要受他们的评论和讥笑。

感叹完，王献之就一甩袖子生气地走了，这也是"拂袖而去"这个成语的出处。

王献之以才华过人、举止不凡、性格洒脱不羁，深受当时人的倾慕和赞美，也留下了许多美谈。

他曾经和哥哥王徽之、王操之一起拜访当时的大名士谢安。他的两个哥哥都在说一些生活琐事，王献之和谢安寒暄几句之后就不再说话了。等他们离开，有人问谢安王氏兄弟中谁最好，谢安说小的那个好，也就是说王献之好，客人问为什么，谢安说："优秀的人说话少，王献之不多说话，所以我知道他不凡。"

还有一次，王献之和哥哥王徽之在家，结果家里房子突然起火，王徽之吓得慌忙逃了出去，连鞋也顾不上穿，王献之却面不改色，从容地由仆人扶着走了出来。在当时，贵族出门被人搀扶着是基本礼仪，可见在危急关头王献之仍然不失风度和礼仪。

尤其能体现他的名士风范的，是一次家里进了小偷。小偷在家里东翻西找，把东西都快偷光了，这时王献之发现了他，慢悠悠地说："偷儿，那块青毡是我家祖传的，你把它留下吧。"小偷被惊得魂飞魄散地逃跑了。

当然，王献之在历史上留名并不仅仅因为这些逸事，更重要的是他的书法成就。

王献之从小就展现出极高的书法天赋，深得王羲之的器重。在父亲的精心教导和自己的刻苦努力之下，王献之兼采各家之长又独出新意，最终书法成就堪与其父媲美，人们于是将父子二人称为"二王"。

王献之尤其擅长行书和草书，甚至有人认为他的水平超过了父亲。现在，我们可以看到的王献之书法代表作有《中秋帖》《鸭头丸帖》等。

【文化内涵】

我国目前发现驯养豹子最早的实物资料产生于西汉。西汉的王公贵族十分热衷于狩猎，所以经过驯化的豹子就常被用来作为狩猎的助手。西汉的出土文物中也常常可以看到豹子的形象，有的贵族墓里还发现了用来陪葬的豹子。

汉代以后，豹子的形象在文物中极少出现，一直到唐代，豹子的形象才一下子集中爆发。贵族墓室壁画中常常会有狩猎图，其中就不乏豹子的矫健形象。彩绘陶俑中也有不少豹子的形象，最有特色的是它们蹲在马背上做蓄势待发状。

在唐代，很多驯豹师都是来自西域的胡人。这些蓄着络腮胡、身材健壮的胡人带着豹子一起狩猎时，别有一种勇猛的气势，特别能体现大唐强悍勇武的雄风。

唐代之后的辽代、元代和明代，驯养豹子的风气一直很兴盛。明代的皇帝朱厚照甚至还专门建了一所驯养豹子的豹房，他自己泡在豹房的时间甚至比在紫禁城里处理政事的时间还长，连他最后驾崩都是在豹房。

【代表文物】

西汉时，豹子常常被塑造成蹲坐在地的形象，用来作为席镇。

在秦汉以前，人们基本上都把席子铺在地上"席地而坐"。席子的四个角需要用重物压平，所以就发明了席镇，它们一般用铜或者石头制作，既有实用性又有装饰性。

徐州博物馆西汉楚王墓出土的石豹镇，豹子看上去很温和，颈部都带有项圈，项圈上还装饰着贝壳，

石豹镇
西汉
徐州博物馆

可见它们都是被精心驯养的。

河北满城汉墓的铜豹镇更加华丽，豹子身上采用了错金工艺，通体金光闪闪，斑纹则是梅花状的铜色。豹子的眼睛则用白玛瑙镶嵌，不过由于黏合玛瑙的原料里有红色的颜料，所以看上去它的眼睛散射出红光，显得更加机敏。

错金铜豹（一对）
西汉
河北博物院

乘兴而来

【成语释义】

趁着兴致而来。出自唐房玄龄等《晋书·王徽之传》。

【成语典故】

王徽之是王羲之的第三个儿子，他生性清高洒脱，不愿为俗名俗务所累，所以他结交的朋友也都是和他性情相投的名士。当时名满天下却坚决不肯出仕做官的戴逵就是他的好朋友。

王徽之曾经担任大司马桓温的参军，但他根本就不理公务，连自己管理的是哪一方面的事都搞不清楚。后来索性辞官隐居在山阴，只与朋友高谈阔论，以诗酒为乐去了。

　　一年冬天，夜间下起了鹅毛大雪，天地间很快便只剩下一片晶莹纯净。王徽之看到如此纯粹无瑕的世界，难掩内心的兴致，于是推窗赏雪。此时他突然想起自己的友人戴逵，想着如果此时此刻能与他一起喝酒吟诗，那将是何等美妙的事啊！于是他匆匆叫来仆人备好船，向着远在剡（shàn）溪的戴逵住处行去。

　　山阴离剡溪还有相当一段距离，仆人划船，王徽之便在船上赏雪赏月。就这样划了一晚上，拂晓时分小船终于到了剡溪。仆人正要舍船上岸，可王徽之却令他再把船撑回去。仆人十分不解，问他如此费心费力好不容易到了戴逵家门前，为什么不去见他呢？

　　王徽之极为潇洒地说，我本来就是一时兴起，乘着兴致来的，现在我已经尽兴了，自然就回去了，何必非要见到戴逵呢？

　　据说后来戴逵听说这件事后，还感叹王徽之不拘泥于俗礼，自由放任自己的真性情，和自己倒真是性情相投的知己啊。

【 文化内涵 】

戴逵是魏晋时期的大名士，他性情高洁、行为放达，擅长雕塑和绘画，琴技也为世人称道。

戴逵自幼就聪慧过人，善于观察和实践，也能十分虚心地听取意见。有一次，他创作了一座高达六丈的佛像，为了让自己的作品尽善尽美，就在佛像旁搭建了一座帷帐，自己则躲在帐中记下大家对佛像的各种评价，并根据大家的评价不断修改，花了三年时间才完成全部修整，当然这件作品也成为划时代的杰作。

他还为南京的瓦官寺制作了五座精妙绝伦的佛像，被人将其与顾恺之的《维摩诘示疾图》和狮子国（今斯里兰卡）进贡的玉像并称为"瓦官寺三绝"。

当时，佛教在全国各地都十分流行，遇到佛教节日人们便会抬着佛像在街上游行。但后来由于佛像越做越大，抬着移动就十分困难。戴逵发明了一种夹纻佛像，即先用泥塑成胎体，然后用漆把麻布贴在泥胎外面，经过反复多层的粘贴之后，等外面的漆布干透把泥胎取空，再在漆布上绘制细节，这样塑像就非常轻巧便于搬运了。

戴逵博学多才、才气过人，在当时名气很大，但他偏偏极其厌恶官场，所以一辈子都在躲避统治者对他的征召，找各种借口和理由不去做官，也很不给当时的高官们面子。

由于他琴技出类拔萃，当时的武陵王便派人召他到府上去演奏，戴逵当着使者的面把琴摔个粉碎，愤然作色说自己绝不会去

戴进《雪夜访戴图》
明
私人收藏

张渥《雪夜访戴图》
元
上海博物馆

充当王侯们的乐工，供他们取乐。

【代表文物】

戴逵的隐逸孤高和王徽之的洒脱任情都为后人称道，所以许多文人画家都创作过以"雪夜访戴"为题的作品。

画龙点睛

【 成语释义 】

原本形容南北朝时期画家张僧繇（yáo）作画的神妙，后多比喻写文章或讲话时，在关键处用几句话点明实质，使内容生动有力。出自唐代张彦远《历代名画记》。

【 成语典故 】

南北朝时期，梁朝有一个名叫张僧繇的画家，他擅长画佛道人物、花鸟走兽，受到人们的热烈追捧，许多寺院都请他去作画。

有一次，张僧繇为南京的安乐寺作画。他在墙上画了四条龙，但画完后却并没有为龙点上眼睛，人们对此很不解。他解释说如果把龙的眼睛点上，龙就会飞走。大家听了都不以为然，以为他是故弄玄虚。张僧繇看大家不相信，于是拿起笔为其中一条龙点上了眼珠。顷刻之间，电闪雷鸣，风起云涌，一道霹雳直击墙壁，那条被点了眼珠的龙便腾空而起，直上云霄，那些没有点睛的龙，却还好好地待在墙壁上。看到这惊心动魄的一幕，人们才相信张僧繇的话，对他的技艺也更加拜服。

【 文化内涵 】

张僧繇的绘画技艺非常高超，流传下来的逸事也很多。

当时，张僧繇学会了一种印度传来的"凸凹花"画法，也就是一种强调阴影、富有立体感的画法。据说他曾被金陵一乘寺请去在寺门上画画，他便使用了凸凹画法。人们远看时觉得这些门上的图案凸凹起伏，误以为是被雕刻在门上的，近看才发现门是平的，这些图案原来是画上去的，张僧繇的画成功地骗过了人们的眼睛。由于寺门上的绘画太神奇，这座寺庙也因此出名，人们便索性把这座寺称为凸凹寺。

不过，非常可惜的是，由于年代久远，张僧繇的画一幅也没能流传下来。唐代梁令瓒的《五星二十八宿神形图》一度被认为是张僧繇的作品，我们现在也就只能依稀从这幅作品中感受一点张僧繇的气韵了。

【 代表文物 】

中国古人把五大行星称为"金、木、水、火、土"五星，又把天上的恒星分为三垣二十八宿，每一宿都对应一种动物，都有一位神人掌管，久而久之，人们便为这些星宿设计了拟人化的形象。

梁令瓒《五星二十八宿神形图》（局部）
唐
日本大阪市立美术馆

南宋画家陈容号所翁，他是艺术史上画龙的顶级高手，由于他画的龙神气活现、意态完足，被人冠以"所翁龙"之名，并将之作为典范，自他以后的几百年间，几乎所有的龙图案都受到了他的影响。

陈容《九龙图》（局部）
南宋
美国波士顿美术馆

铁杵磨成针

【成语释义】

比喻只要有毅力，坚持不懈地努力干下去，再难办的事情都能办成。出自明代张岱《夜航船·磨针溪》。

【成语典故】

相传李白年少时在彭山（今属四川眉州）的象耳山脚下读书求学，但他只学了短短一段时间就觉得学业太难，便想要放弃学习，离开这里。

象耳山下有一条小溪，李白离开的时候渡过小溪，看到一个老奶奶正在石头上磨着一根粗粗的铁棍。李白很是不解，便问老奶奶这是在做什么，老奶奶告诉他，自己是要把这根铁棍磨成绣花针。

李白听了，心里大为感慨：老奶奶都能有毅力和决心把这么粗的铁棍磨成针，自己还有什么理由觉得学习太累太难呢？于是他转身回到了读书的地方，勤奋地完成了学业。

【文化内涵】

大诗人李白因其性情洒脱、才华卓绝，千百年来受到大家的喜爱，于是人们不断为他编造传奇故事，其中有许多都脍炙人口，比如梦笔生花的故事。

传说李白少年时代曾经做过一个梦，梦见自己拿笔写字的时候，笔头绽放出了朵朵鲜花，后来李白果然才气绝伦、名闻天下。他的诗句超尘绝俗，精妙非凡，仿佛从天而降，而非人力所为，所以人们又称他为"谪仙人"，意思是被贬到凡间的仙人，甚至连他的死都被想象成了一个"醉中捉月"的浪漫事件。传闻李白在夜间一边乘船一边喝酒，一路行到了安徽采石矶一带。他走到船头看到水中的一轮圆月清亮明朗，便乘着酒兴跃入水中捉月。对于洒脱豪放如神仙中人的李白,这样的结局倒是很符合他的气质。

李白还很有侠气,他喜欢仗剑行走天涯,结交各路朋友,中国无数的城郭、山川都因为他而拥有了千古的诗意:彩云缭绕的白帝城、相看两不厌的敬亭山、日照生烟的庐山香炉峰、烟花三月的扬州、送别友人的黄鹤楼、宣城的谢朓楼、金陵的凤凰台……甚至路险难行的蜀道。

或许是诗人最懂诗人吧,余光中《寻李白》说得贴切:"酒入豪肠,七分酿成了月光。剩下的三分啸成剑气,绣口一吐,就半个盛唐。"

【代表文物】

这两幅以李白为主人公的画虽然绘画风格迥异,却都捕捉到了李白的精气神,把诗仙的神色、情态表现得极为传神。《太白行吟图》大刀阔斧,我们感受到的是"黄河之水天上来"的宏阔和超脱;《太白醉酒图》细节精微,扑面而来的则是"天子呼来不上船,自称臣是酒中仙"的狂狷和落拓。

梁楷《太白行吟图》
南宋
东京国立博物馆

苏六朋《太白醉酒图》
清
上海博物馆

人面桃花

【 成语释义 】

指爱慕而不能再相见的女子，多用于无缘再见的感伤意境中。出自唐代崔护《题都城南庄》："去年今日此门中，人面桃花相映红。人面不知何处去，桃花依旧笑春风。"

【 成语典故 】

相传唐代诗人崔护仪表堂堂，但性格孤高。有一年，他进京赶考落榜，清明这天，便一个人来到长安城南的郊外散心游玩，看到一户人家院子里的花草长得非常丰美，但院子里却安静得像是没有人居住，于是上前敲门。

过了一会儿，门内有一个少女从门缝里向外看，问他是谁，有什么事。崔护向她通报了自己的姓名，又说自己一个人出来踏春，现在口渴了，想请这位少女给他一点水喝。

于是少女开门请他坐下喝水，自己则倚靠在桃树下看着崔护，眼神中颇有爱慕之意。崔护想和她攀谈，但少女却不理会，只是默默地看着他。

过了一会儿，崔护告辞离去，少女把他送出门。崔护边走边回头看她，少女也同样依依不舍。

到了第二年清明，崔护突然非常思念去年在城南遇到的那位少女，便径直去那里找她，想要再见她一面。房子还是那座房子，花草还是那些花草，但眼前的门上已经落了锁，少女再也没有出现。

崔护心中无限怅惘，只能题笔在门上留下了一首诗，这便是著名的《题都城南庄》。

根据唐人孟棨（qǐ）的《本事诗》中所记，这件事还有后续。

过了几天，崔护心里仍然十分思念那位少女，于是又到了少女的住所外寻找。忽然他听到院子里有哭声，于是敲门问是什么情况。一位老翁出来开门，看到他便问他是不是崔护，崔护告诉他正是自己，老翁伤心地哭着说：您真是害惨了我的女儿啊！

原来，这位老翁便是少女的父亲。他告诉崔护，自己的女儿已经十五岁了，知书识字，却并没有许配人家。自从去年以来，她就时常神思恍惚，一副失魂落魄的样子。前几天，她与父亲一起外出，等他们回来的时候看到门上题的字，读完后少女就病倒了，几天之后便离世而去。老翁又告诉崔护，自己只有这一个女儿，之所以还没有把她嫁人，正是想为她寻找一个好丈夫，以便自己将来老了也有所依靠，结果现在女儿不幸殒命，这正是因为崔护啊。

崔护听了内心十分悲恸，于是请求老翁让他进去哀悼少女。此时少女的尸体还没有埋葬，崔护抱着她的头忍不住痛哭失声，边哭边呼唤着她，说："我在这里啊，我在这里啊！"

过了一会儿，少女竟然睁开了眼睛，又活了过来。老翁大喜，于是把女儿嫁给了崔护。

【文化内涵】

且不说少女活过来这件事没有可能性，连崔护与少女的偶遇也很可能并没有发生过，只不过因为他的这首诗实在动人，于是人们根据诗文为崔护演绎出了一个凄美感人的爱情故事。当然，正因为这样的偶遇和思慕击中了人们柔软的内心，千百年来人们也就很愿意相信它曾经发生过，这首诗也因此成为最脍炙人口、最美丽的唐诗之一。

历史上关于崔护的生平记载不多，他的诗流传下来的也不多，《全唐诗》中存诗六首，都是清新雅丽的作品。不过，即便崔护一生只写过这一首诗，他也足够在唐代诗人长长的名单里稳稳地占据着一个醒目的位置了。

【代表文物】

《簪花仕女图》是唐代仕女容貌和风度的集中体现，画中仕女们衣着艳丽华美，头上簪着应时应景的鲜花，插着金银珠玉的步摇，随着她们的娉婷步态

周昉《簪花仕女图》（局部）
唐
辽宁省博物馆

妩媚招摇。她们的神情略显慵懒，表情也显得平淡，但正是这一点不露声色，更显现出大唐仕女的雍容富丽。

黄袍加身

【成语释义】

指发动政变谋夺皇位成功，被拥立称帝。出自元脱脱等《宋史·太祖本纪》。

【成语典故】

唐代末年，掌管地方军事的节度使的权力越来越大，不受中央控制，于是形成了藩镇割据的局面。最后，大军阀朱温代唐称帝，唐代结束，历史进入一段分裂期。当时有五个前后相继的朝代在中原定都，史称"五代"，中原之外还有十个割据政权，史称"十国"。

五代最后一个朝代是后周，后周经过太祖郭威的一系列改革措施，社会生产得到了恢复和提升，军队作战能力也大大增强。经过一番征战，后周吞并消灭了几个割据政权，实力相当强劲。

在后周南征北战的过程中，赵匡胤有勇有谋，战功显赫，深受后周世宗的信任，在世宗离世之前任命赵匡胤为殿前都检点，也就是把禁军交由他来掌管。

公元960年，后周得到契丹和北汉联合南下进攻的消息，还没来得及仔细考虑，朝廷便让赵匡胤率军御敌。赵匡胤借口兵力不足不能应战，当时的宰相便调集全国的军队交由他来率领。

大军开到距开封不远的陈桥驿停了下来。到了夜里，赵匡胤的一些亲信便在军中散布言论，说当今皇帝只有七岁，这样的小小年纪不可能有效地掌控江山，将士们在外出生入死，皇帝哪里会知道他们的艰难，只有把江山交到强有力的人手中，国家才能长治久安，百姓才能享有太平，将士们的辛苦才有人体谅，他们的功劳也才能得到封赏。所以，只有让赵匡胤当上皇帝，将士们才会继续出征北伐。

很快，军中的情绪就被煽动起来。到了第三天，赵匡胤假装刚刚从酒醉中清醒，赵匡胤的弟弟和亲信则拿出一件早已准备好的天子黄袍披在他身上，跪地就拜，高呼万岁，要拥立他当皇帝。赵匡胤假意推辞再三，最后当所有人都表示听从他的指挥之后，便当即宣布立刻班师回京。

京中的禁军也都是赵匡胤的亲信，他们早已得到兵变的消息，此时开门相迎，赵匡胤毫不费力就进入了京都。这时宫中的小皇帝、宰相等人才知道大事不好，但赵匡胤兵权在握，朝中又有众多亲信，于是小皇帝宣布退位，赵匡胤正式登基，改国号为宋。

此后，赵匡胤又平定了后蜀、江南一带的动荡，结束了割据的局面。

【文化内涵】

宋太祖赵匡胤的皇位是通过兵变得到的，为了防止自己的部将重演历史，赵匡胤建国后进行了一系列的政治军事改革，以求加强中央集权、巩固统治。

有一天，宋太祖把石守信等高级将领叫来一起喝酒，喝得正高兴，宋太祖深深叹了一口气，说："当初要不是你们，我是坐不上这个皇位的，所以我心里一直很感念你们的功劳。不过，当上皇帝之后我却夜夜都睡不安稳啊！"众将一听连忙问为什么，宋太祖说这是因为天下人人都想得到皇位啊。

将领们连忙表明自己的忠心，说陛下登基是天命所在，没有人敢有异心。但宋太祖却说："你们虽然没有异心，但如果你们的部下硬把皇袍披在你们身上，就算你们不想当皇帝，到时候不也是身不由己吗？"

这些将领听了这番话心里十分惊骇，生怕因为自己手握兵权反倒招来杀身之祸，于是跪地恳求宋太祖为他们指一条明路。

宋太祖说人生在世，何其短暂啊，大家不过是想过上好日子，所以你们不如放弃兵权回乡，多买些良田美宅，这样子孙后代也都可以安享富贵了，再多买些歌姬日夜饮酒作乐，这样不快活吗？他自己再与这些部将联姻，这样君臣之间的关系就更加亲密了，大家相互信任、平平安安过日子，难道不好吗？

第二天一早，这些将领就在朝堂上表示自己身体不好，要求解除兵权回乡。宋太祖对此很满意，不仅赐给他们大量钱财，还真的与他们联姻。宋太祖没有像许多皇帝那样对开国功臣大开杀戒，所以被史家视为宽和的典范。

这段故事就演化为"杯酒释兵权"的成语。

【代表文物】

史书上记载宋太祖曾多次微服私访功臣之家，作为宋太祖智囊人物的赵普每次退朝后都穿着朝服，就是怕宋太祖突然来访。一个大雪之夜，宋太祖竟然冒雪来到赵普家，和他商量攻打太原的事。后来，人们就用"雪夜访普"这个典故代指皇帝访问大臣。

刘俊《雪夜访普图》
明
故宫博物院

《宋太祖坐像》
明
台北故宫博物院

觥筹交错

【成语释义】

　　酒杯和酒筹杂乱地放着，形容许多人聚会喝酒时的热闹场景。出自北宋欧阳修《醉翁亭记》。

【成语典故】

　　北宋时期的大文学家欧阳修在担任滁州太守期间经常和朋友们一起到滁州西南郊外的琅琊山游玩。那里风景优美、林木苍翠，山间还有流泻而出的清泉，名为酿泉，泉边有一座形如飞鸟展翅的亭子，欧阳修便用自己的号"醉翁"命名其为醉翁亭。

　　这个山明水秀的地方是滁州百姓常常前来郊游的胜地，欧阳修也喜欢在此地宴请宾客。他和朋友们来醉翁亭聚会的本意倒并不是为了喝酒，而是为了欣赏这山水之间的美景，成语"醉翁之意不在酒"也由此产生。

宾客们喝着用山泉酿制的美酒，品尝着山中的野味野菜，席间还进行着各种游戏：有的人在玩投壶，有的人在下棋，还有些人抽签行酒令。来宾们高声笑谈，兴奋地举杯畅饮，酒杯、酒签散了一地，所有人都沉醉在欢乐的氛围里。等到太阳西斜，大家兴尽而归。由于这次聚会实在太令人难忘，欧阳修于是将它记了下来，这便是千古流传的名篇《醉翁亭记》。

【 文 化 内 涵 】

欧阳修是北宋著名的政治家、文学家。

当时，范仲淹等人全力推行"庆历新政"，欧阳修也是革新派的干将，他提出多项改革主张，很有政治远见。可惜改革遭遇阻挠，不幸失败，欧阳修被贬为滁州太守，《醉翁亭记》便作于此间。

欧阳修为官期间大力简化烦琐的办事流程，也不推行严苛的法令，而是让百姓有宽松的环境，所到之处都被治理得井井有条。后来，欧阳修官位越来越高，官至参知政事，相当于副宰相，在政治上很有影响力，也很有政绩。

欧阳修对北宋文坛的影响更大，他用平易质朴的文风创作诗文，更通过自己的影响力，努力矫正当时文人中间流行的一种喜欢使用冷僻字眼、意思晦涩的不良文风。他在嘉祐二年（公元 1057 年）担任了进士科的主考官，苏轼、苏辙、曾巩等人都是在这一年科考中被他慧眼录取的，这也对北宋文风的转变起到了至关重要的作用。

欧阳修与唐代的韩愈、柳宗元以及北宋的苏洵、苏轼、苏辙、王安石、曾巩被世人合称为"唐宋八大家"。

我们耳熟能详的欧阳修代表作还有《秋声赋》《卖油翁》《朋党论》等。此外，他还擅长写词，"人生自是有情痴，此恨不关风与月""平芜尽处是春山，行人更在春山外"等，都是他词中的名句。他总结自己的文章多半作于"三上"，即马上、枕上、厕上。他说在这些时间里，尤其能够好好构思文章。

【代表文物】

觥（gōng）是一种装酒的酒具，盖子常常被做成兽头的样子，或者整体被塑造为异兽形象；筹是一种行酒令的酒签，抽中了某支酒筹就要根据上面所说的喝法来喝酒。

银鎏金论语玉烛龟形酒筹筒
唐
镇江博物馆

这件酒筹筒造型很有趣，一只乌龟背上驮着刻有"论语玉烛"字样的酒筹筒，筒里装着五十根酒筹，上面写的都是《论语》中的句子，显得极为风雅。比如酒筹上有："有朋自远方来，不亦乐乎，上客五分"，意思是说远方的朋友来了大家都高兴得不得了，席上的贵客都要喝半杯酒，主人不用喝；"后生可畏，少年处五分"，意思是年轻人可敬可畏，前途不可限量，席上的年轻人也喝半杯。五分就是半杯，十分则是满杯，还有三分、七分，也就是小半杯、大半杯了。

《红楼梦》里贾家的欢乐顶峰也是一场行酒令，即"寿怡红群芳开夜宴"一章，这次酒筹上的内容是各色鲜花和与花有关的诗句：薛宝钗抽到的是牡丹花，对应的诗句为"任是无情也动人"；贾探春抽到的是杏花，诗句为"日边红杏倚云栽"；李纨抽到的是老梅，诗句为"竹篱茅舍自甘心"；史湘云抽到的是海棠，诗句为"只恐夜深花睡去"；麝月抽到的是荼蘼花，诗句为"开到荼蘼花事了"；香菱抽到的是并蒂花，诗句为"连理枝头花正开"；黛玉抽到的是芙蓉花，诗句为"莫怨东风当自嗟"；最后袭人抽到了桃花，诗句为"寻得桃源好避秦"。这些花和诗，都暗示着大观园中这些女子的命运结局。

龙形觥
商
山西博物院

胸 有 成 竹

【 成语释义 】

原指画竹子之前心里已有竹子的形象，比喻做事之前心中已有充分的考虑。出自北宋苏轼《文与可画筼筜（yún dāng）谷偃竹记》。

【 成语典故 】

苏轼的这篇文章是一篇题画的文章，所题的画便是文同的《筼筜谷偃竹》，文同是苏轼的表兄，也是他的知己好友，他擅长画墨竹，开创了"湖州竹派"，这幅《筼筜谷偃竹》就是文同画了赠给苏轼的。筼筜就是一种生长在水边的大竹子。1079 年，文同病逝后，苏轼有一次拿出这幅画，不禁对文同万分思念，又回忆起文同画竹以及二人交往的种种情形，便题写了这篇题画记以为纪念。

文中，苏轼高度赞美了文同画竹的卓绝技艺，也表达了自己对于画竹的认识。他说竹子从寸余长的小笋一直长到几丈高的巨竹，一向都是有节有叶的，而当时的人画竹总是一节一节地画、一叶一叶地积聚，这根本就与竹子的生长情状不符。所以要把竹子画好，就必须心里先有完整的竹子形象，凝神之时便已经能看到自己心中所想的竹子，这时候再提笔挥墨，才能一气呵成，稍有一点迟疑，便失去了竹子的真精神。

【文化内涵】

苏轼自己也画画，所以他对绘画的理解格外透彻。苏轼画竹子还留下来一桩逸事，特别能表明他的绘画主张和精神。

据说苏轼被贬杭州任上期间，一时兴起想画竹子，偏偏书桌上只有红色的朱砂，却没有墨，于是他信手拿起朱砂便画。有人看到他笔下这奇怪的红色竹子，就诘问他："世间哪里有红色的竹子呢？"苏轼连想都没想，脱口就说："世间又哪里去找墨色的墨竹？"

苏轼的这番话完美地展现了他的智慧和机辩，更表达了中国古代文人绘画的真精神——他们绘画并不是想要像照相一样，事无巨细地记录事物的外貌，也不是想画一幅画供别人欣赏，而只是想借助绘画抒发一下内心的情感，安顿一下自己的灵魂。他们并不追求画得"像"，也不追求画得"美"，所以有些画虽然看上去又"丑"又"怪"，我们却能被它们深深打动，正是因为画面传达出的画家的强烈情感，使我们感同身受。

【代表文物】

文同用浓墨画竹叶的正面，用淡墨画竹叶的背面，画面上既呈现出竹子枝叶纷披的千姿百态，又

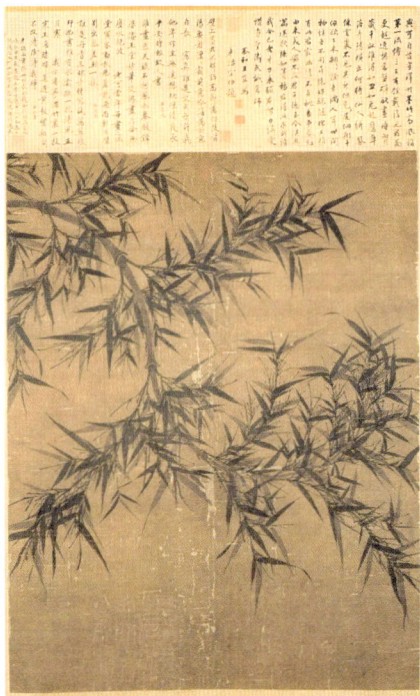

文同《墨竹图》
北宋
台北故宫博物院

表现出竹子劲节挺拔的精神和骨力。

　　苏轼的《枯木怪石图》很奇怪，画面上只有一根弯曲的枯树干和一块奇峭的丑石。古人对此画的评价说画中的树"虬（qiú）屈无端倪"，石头"怪怪奇奇，如其胸中蟠郁也"，也就是说枯树歪歪曲曲看不出个名堂，石头也怪得很，就像是苏轼胸中的郁结不平之气。这一语道破了此画的内涵——苏轼根本不想画一幅漂亮的画，他不过是想抒发一下自己的情绪，恰好此时情绪低落、内心郁闷，所以画面也就别别扭扭的了。

苏轼《枯木怪石图》
北宋
私人收藏

程门立雪

【 成语释义 】

旧指学生恭敬受教,现指尊敬师长,比喻求学心切和对有学问长者的尊敬。出自元脱脱等《宋史·杨时传》。

【 成语典故 】

北宋时期有个叫杨时的福建人,他自幼就聪明好学,长大后更是努力钻研经典史书。在当时,河南的程颢(hào)、程颐两兄弟以讲授孔子、孟子的经典而闻名天下,被世人称为"二程"。当时的许多年轻人都拜二程为师,杨时也听闻二程的大名,很想去求教。因此,当他考中进士被委任了官职后,并没有马上赴任，而是像其他年轻人一样先到二程门下拜见。

他先是以弟子之礼拜见了程颢。在跟从程颢做学问的过程中，师生相处十分融洽，待他学成回家的时候，程颢欣慰地感叹：这下子，自己的思想可以向南传播了。

四年之后，程颢去世，杨时知道后便为老师设灵祭奠，后来又去拜见程颐。这天他去的时候，程颐恰好在闭目养神，杨时不敢打搅老师，便一直站在旁边。等程颐醒来后，发现雪已经下了一尺深。

后来，杨时长达数年一直闭门读书，等他再出来做官，政绩颇佳。杨时极为重视修养自己的品德、学问，他的声名也因此越来越大，不仅全国各地的文人学子都来向他求教，连宋朝的使节出访高丽，高丽的国王还问起杨时的情况。

杨时因为继承了二程的学说，加上自己的刻苦钻研，到了南宋时，人们也都推举他为二程学派的正统传人。

【文化内涵】

杨时的老师程颢和程颐两兄弟是北宋极其重要的

仇英《程门立雪图》
明

思想家和教育家，他们开创的理学对后世产生了巨大的影响。后来经过朱熹等人的发展，理学成为后世的官方哲学，也被称为"程朱理学"。

【代表文物】

画作把"程门立雪"的故事背景设计成一座深山之间的小院落，又用白蛤颜料突出了老师和学生的服装，在苍茫的雪天里更显得超尘拔俗，更突显了程颐和杨时的名士风度和高贵人品。

精忠报国

【 成语释义 】

竭尽忠诚，报效国家。出自元脱脱等《宋史·岳飞传》。

【 成语典故 】

"精忠报国"是宋朝抗金名将岳飞的母亲对他的勉励之语。

岳飞出生于一个普通农家，年少的时候就习文练武，不仅熟读兵法，还精通骑射，能左右开弓，不到二十岁就可以拉三百斤的硬弓。后来，岳飞又学习枪法，武力更加精进。

北宋末年，岳飞应召入伍，开始了他的军旅生涯。

很快，岳飞就显示出他的军事才能。他曾经带领上百名骑兵用伏兵之计生擒当时作乱的贼寇，赢得了大家的信任，慢慢获得晋升。

金国灭辽之后，便开始大举进攻北宋，宋军毫无还手之力，金兵长驱直入，很快就渡过黄河，包围了北宋的都城开封。当时的皇帝宋钦宗一面向金人求和，一面征召各路兵马前来保卫开封。岳飞目睹金人的烧杀抢掠，深感国家危在旦夕，于是准备投军报国，但他又担忧家里年迈老母和年幼孩子的安危。在这种情况下，深明大义的岳母为了鼓励岳飞报效国家，便在他后背上刺下了"精忠报国"四个字，希望他时时牢记。

岳飞拜别家人，投身抗金大业。此后岳飞多次上书要求北伐，与金兵血战，并且在局部战场上屡立战功，后来还组织了一支声威盖世的岳家军。

在整个抗金的过程中，岳飞的表现十分突出，多次取得大捷，收复了许多失地，朝廷也为之振奋。此后，岳飞部署全面北伐，准备直捣中原。岳家军的北伐屡屡获得大捷，朝廷也对他嘉奖不断，但很快局面就发生了变化。宋高宗为了求和，又加上奸臣的挑拨，岳飞失去了宋高宗的信任，但岳飞北击金兵、恢复中原的雄心从来没有动摇过。

经过周密的策划和实施，岳飞联合了北方的民间抗金武装再次北伐。在岳飞的率领下，宋军势如破竹，一直把金军赶到了黄河边。可就在这时，奸臣秦桧等人向高宗进谗言，高宗下诏令岳飞班师回朝。

面对好不容易赢来的大好局面，岳飞自然不愿意轻易放弃，但高宗催促他班师回朝的命令却一道比一道急迫，一天之内岳飞竟然接到了十二道金牌。无奈之下，他只能下令班师，十年之功废于一旦。临回之时，百姓纷纷阻拦岳飞的战马，说他们好不容易盼到了官军，不必再受金人欺辱，现在岳飞他们一走，他们的日子又会回到水深火热之中。但岳飞不能违抗皇帝之命，百姓只能哭着送他们离开。

回到朝中的岳飞不久就被奸臣秦桧陷害入狱，以"莫须有"的罪名迫害致死，时年三十九岁。

岳飞的死讯传出，全国百姓沉痛哀悼；消息传到金国，金国大臣举杯欢庆。

　　岳飞冤死二十年后，宋孝宗为他平反，后来又追称他为"武穆"，并追封他为鄂王。

【 文 化 内 涵 】

　　岳飞不仅是战功卓著、令敌人闻风丧胆的武将，还极富文才，他留下不少词章，尤其以一首《满江红》广为传唱，直到今天仍然脍炙人口。每当我们中华民族遭遇外敌入侵之时，这首《满江红》便会在神州大地响起，用来激励着我们不屈的爱国之志。

　　我们古代像岳飞这样文武双全的人还有不少，同是南宋的爱国主义词人辛弃疾一生留下了很多豪放的诗词，同时他也是个能够率军迎敌、上马杀贼的将领。

【 代 表 文 物 】

　　现在杭州西湖边上岳王庙的大殿里，岳飞坐像上方有一个巨大的牌匾，上书正是"还我河山"这四个大字，尽显岳飞的胸怀与气势。

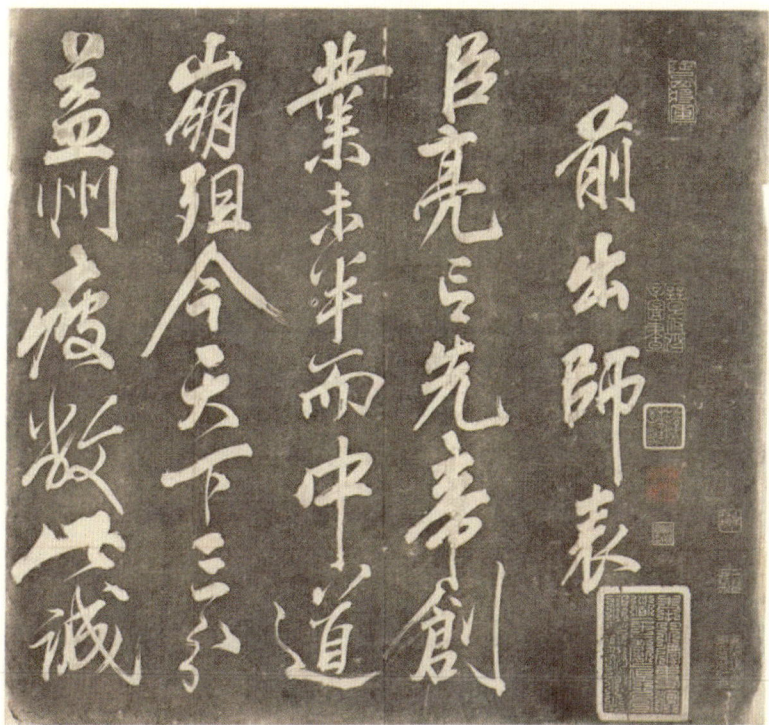

岳飞手书诸葛亮《出师表》拓片

岳飞草书"还我河山"拓片